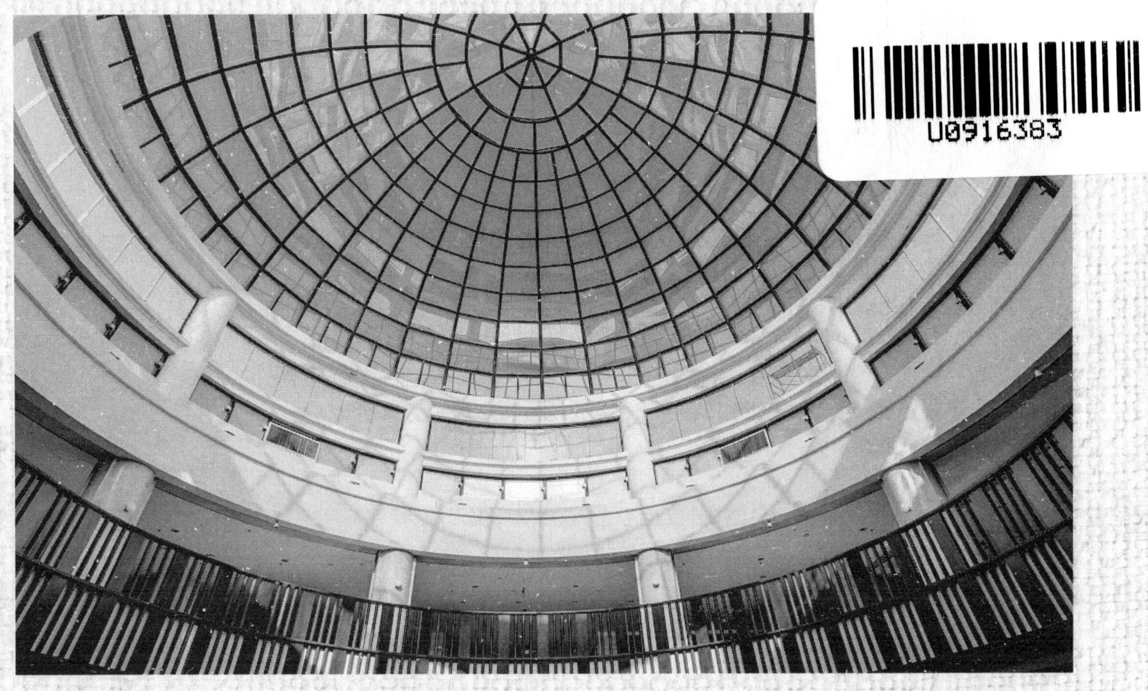

高校图书馆文献信息资源建设及运用研究

李云江 著

九州出版社
JIUZHOUPRESS

图书在版编目（CIP）数据

高校图书馆文献信息资源建设及运用研究 / 李云江著. -- 北京 : 九州出版社, 2022.11
ISBN 978-7-5225-1511-3

Ⅰ. ①高… Ⅱ. ①李… Ⅲ. ①院校图书馆－文献资源建设－研究②院校图书馆－信息资源－资源建设－研究 Ⅳ. ①G258.6

中国版本图书馆CIP数据核字(2022)第227206号

高校图书馆文献信息资源建设及运用研究

作　　者　李云江 著
责任编辑　曹环　赵晓彤
出版发行　九州出版社
地　　址　北京市西城区阜外大街甲 35 号 (100037)
发行电话　(010)68992190/3/5/6
网　　址　www.jiuzhoupress.com
印　　刷　水印书香（唐山）印刷有限公司
开　　本　787 毫米 ×1092 毫米　16 开
印　　张　9.5
字　　数　185 千字
版　　次　2022 年 11 月第 1 版
印　　次　2022 年 11 月第 1 次印刷
书　　号　ISBN 978-7-5225-1511-3
定　　价　68.00 元

前　言

几千年来，人类在生产和生活实践的过程中接收到了来自这个世界的各种客观信息，这些信息经过人类大脑的提炼和加工逐渐变成了知识。知识需要借助一定的载体才能被人们所认识，才能进行传承和传播。人们将储存在大脑中的知识记录下来，于是便出现了文献信息资源。文献信息资源是人们智慧的结晶，记载人们在各个领域发现和探究出来的科学理论和成果，极具保存和使用价值。

随着信息技术的不断发展和“互联网 +”时代的到来，信息资源数量急剧上涨，各种各样的信息资源充斥着人们的大脑。人们对于信息个性化、特色化的需求也在不断增加，这也为高校图书馆加快转变其对于文献信息资源的建设和运用模式、构建一个新的图书馆信息资源体系提供了机遇，让图书馆能够最大限度地提高文献信息资源的使用效率，方便快捷地满足读者的不同需求，实现信息资源的公开、透明、共建共享。文献信息资源建设是图书馆的基础性工作，高校图书馆作为高校师生信息资源的重要来源地和重要的信息中心，其主要任务就是建设有本校特色的文献信息资源体系，更好地为学校教学和科研服务。

目前高校图书馆大多将原来的“采访部”改名为“资源建设部”，这是从形式到内容的改变。因为信息资源建设部不同于以往的采访部门，它强调信息资源建设是系统工程，必须重新定位和思考。在进行资源建设时，许多方面都值得研究，如对现有馆藏结构进行分析统计、制定合理资源比例、构建特色资源等。各高校应根据本校性质特点、文献基础、师生规模三个方面确定资源建设目标。馆藏文献量和图书馆建筑规模在当今已不再是衡量图书馆水平的绝对尺度，图书馆建设的重心更多地放在读者究竟从图书馆获取了多少具有真实价值的特定文献信息。这种信息的获取很大程度上取决于馆藏特色的规模。图书馆的藏书再多、建筑再宏伟，如果读者得不到他想要的文献资料，该馆对该读者只不过是藏书楼或固定的建筑而已。图书馆决策者应首先从需求出发，制定适合本校发展的馆藏规划，估算经费需求，努力争取经费，保障图书馆资源建设按规划进行。

本书是对高校图书馆文献信息资源建设的相关研究。第一章是对文献信息资源建设的概述；第二章是对高校图书馆文献信息资源建设的开发机制研究；第三章探讨高校图书馆文献信息资源的管理体系；第四章研究高校图书馆文献信息资源的评价概况；第五章研究高校图书馆文献信息资源的保障体系；第六章探讨高校图书馆文献信息资源的运用创新。本书适合相关研究者阅读参考。

目 录

第一章　文献信息资源建设概述

随着科学技术的发展和社会的进步，信息资源的重要性愈发不容忽视。作为社会资源结构中重要的组成部分之一，信息资源同材料、能源等物资资源一样，是促进社会经济发展的重要动力，也是国家不可或缺的重要战略资源。当今世界信息革命进一步推进，信息资源渗透到了一个国家的方方面面，不管是经济实力、政治力量、军事科技、生态文明，还是国民的生活、文化水平，都离不开对信息资源的开发利用。加强对信息资源的建设，有利于增强国家综合实力，提高国际话语权。本章对文献信息资源进行概述，研究文献信息资源的相关范畴及定义。

第一节　文献信息资源的相关定义

一、信息资源的概念

（一）信息的定义

从古至今，人类的生产、生活和学习一直与信息密切相关。整个人类的进化史也是一部人类信息活动的演进史。语言的产生、文字的发明、印刷术的出现、电磁波的利用、计算机技术和互联网的应用这五次信息变革对人类社会的发展产生巨大的推动力，带来飞跃式的进步。随着大数据和“互联网 +”时代的到来，信息已经深入到人类生产生活的各个领域，互联网上传输的一切数据、符号、图片、音像、信号、资料等都是信息，它是一个无所不容的大集合体。

当今社会，信息的概念无论是内涵还是外延与以往相比都有很大不同。中外学者从不同学科、不同领域、不同角度对信息所下的定义不下百种。近年来我国学者多从哲学的角度来理解信息，认为信息是事物运动的状态与方式。

对于信息含义的正确理解还必须厘清信息与知识、情报、文献等类似概念的关系。知识、情报、文献都属于信息的一类，但是具体内容又有所不同。知识是人类在认识和改造世界的社会实践中获得的、对于事物本质认识所产生的智慧的结晶；情报是针对某种特定的对象，要达到某种特定的目的而需要人去寻找或者由别人提供的能够实现参考作用的信息，它通过交谈、讨论、报告、采集、参观考察、展览会、阅读等方式获取、传播，为人们所用；“文献”一词最早见于我国《论语·八佾》，原指贤人，后指有价值的各学术领域的文档资料。文献经人们传递、传播、应用于理论与实践中又产生新的信息，新信息被加工变成新知识，新知识形成新情报、新文献，如此循环往复，就有了浩如烟海的信息资源。

（二）信息的基本特征

1. 信息具有存储性和传递性

信息必须依附于一定的载体才能流通和传递，否则，信息的价值无法体现。信息的传递和储存都需要借助一定的载体，如古代的龟壳、绳结、木片、器皿、玉石等，现代的U盘、磁带、光盘、胶片等。信息在这些载体上可以长久地保留，突破时间和空间的限制被人们所认知。信息的传递手段是多种多样的，比如古代用烽火来传递外族入侵的信息，现代通过电话、电视、网络等途径传递信息。许多文化遗产得以保留，前人智慧的结晶得以传承，这些都得益于信息的存储性和传递性，有利于人类文明延续发展。

2. 信息具有时效性

信息的时效性指信息从发出、接收到利用的时间间隔及效率。信息也是有寿命的，我们所处的物质世界和我们的精神世界是在不停变化的，信息只是在它当时所处的时代、环境下的一种反映。随着时间的流逝，这些信息也许不再适应于现在所处的环境，功能性和时效性随着时间的推移会慢慢变低甚至消失。这就是信息的时效性。例如采购招标，有些供应商及时把握住招标信息，在规定的时间内投标，就有可能中标，实现经济效益，而当招标结束后，这条招标信息就失去了价值；还比如十年前公布的科学结果在如今可能已经被推翻了，这都体现了信息的时效性。

3. 信息具有真伪性和可加工性

信息的真伪性是指信息反映的不一定全部是和事实相符合的，不一定完全是真实、准确、可信的。现代信息飞速发展，各种各样的信息充斥在人们的生活里，不是所有信息都是真实、安全的，因此人们应该提高自己辨别真伪信息的能力，不盲目相信虚假信息。信息的可加工性是指人们可以根据已有的信息进行加工提炼，让原本杂乱无序甚至无法使用的数据变得能为人所用，也可以利用计算机将信息进行加工处理，转换成便于存储的代码形式等。

4. 信息具有共享性和开发性

一条信息可以被多人所共用、共享，同时，信息也可以被不限次数地复制、传播。除此之外，信息又是可以被开发出来的，人们通过自己的智慧，利用科学技术等手段能够创造出可用的信息资源，又分享给其他人，有利于促进人类认识世界和改造世界。

（三）信息的新特点

在大数据、云计算、“互联网 +”时代，信息除具有基本的特征外，还呈现出新特点：

1. 信息的海量化

在现代科学技术迅猛发展的冲击下，各种各样的信息传播载体与平台如报纸、杂志、平板电脑、手持阅读器等大量涌现，信息数量骤增，呈海量化发展趋势。

2. 信息的双向交流性

通过网络这个平台，网络信息既可读写又可用来相互交流，网页与用户之间的互动关系由传统的“Push”模式演变成双向交流的模式，用户的信息反馈可以随时进行，信息源也可以随时更新信息。

3. 信息以用户为中心

互联网 Web2.0 技术如博客（BLOG）、RSS、百科全书（Wiki）、社会网络（SNS）等是信息技术发展引发社会变革所带来的面向未来、以人为本的创新模式，是由专业人员织网到所有用户参与织网的创新民主化进程的生动注释，即 Web2.0 的信息活动主要是围绕用户开展，以用户为核心。①

4. 信息的大众化和分散化

在大数据、云计算、“互联网 +”时代，每个人不仅仅是网络信息的接收者，更是网络信息的提供者和传递者，信息具有明显的大众化特点。信息的分散化指信息通过网络等信息源分布到网络可以延伸到的世界的各个角落。

5. 信息的语义化

即互联网出现了类似 Tag 的语义标注，它使用户访问大量的相关信息和聚合相关网页非常便利。

6. 信息的碎片化

信息碎片化是信息爆炸的成因与显著体现，指人们通过网络传媒了解阅读与以往相比数量更加巨大而内容趋向分散的信息，完整信息被分类分解为各式各样的信息片段。

① 陈健 .WEB2.0 背景下 SNS 社交网站传播主体研究 [J]. 湘潭大学学报，2013 年 .

7. 信息类型多样化

在互联网发展初期，网络信息的表现形式一般以文本信息为主，图片信息为辅，信息类型多为 xt、jpg、gif 等格式。随着网络技术的发展，目前网页的表现形式综合了文本信息和多媒体信息，信息类型包括文本（pdf、txt、doc）、图形图像（jpg、gif）、声音（wav、mp3、midi）、动画和视频（swf、mkv、wmv、mpg、avi）等格式。

二、信息资源的构成

信息资源是一个相当广泛的概念，对于它的构成部分可以有各种不同角度的思考。从开发和利用工作的需要来看，主要可以从主体和载体两个方面去考虑。

从主体角度。所谓主体角度，就是从拥有者的角度对信息资源进行区分。按此角度，全社会的信息资源大致可以分为政府信息、企业信息、个人信息等。改革开放以来，我国在计划经济向市场经济过渡的进程之中，各级政府部门仍然是信息资源的最大拥有者，掌握着大量的信息资源。无论从数量来说，还是从重要程度来说，政府信息都是整个信息资源的重要组成部分，其中包括经济、科技、教育、文化、卫生等领域的信息资源。政府信息资源对于政府更好地履行经济调节、市场监管、社会管理和公共服务职能具有重要的意义，因而是当前信息资源开发利用的重点。

从载体角度。所谓载体角度，是从载有信息的介质对信息资源进行区分。按照这一角度，信息资源可以大致分为传统载体的信息资源和电子载体的信息资源。前者主要是指以纸张和实物为载体的信息资源。我国具有广袤的国土、众多的人口、悠久的历史、灿烂的文化，在政治、经济、文化、军事、科研、教育、卫生等领域积累的传统信息资源十分丰富。后者则包括以广播、电视、电视会议、图文电视、各种不同类型的数据库以及网络等为载体的各种信息资源。这些信息资源是在计算机技术、通信技术和高密度存储技术迅速发展，并在各个领域里得到广泛应用的背景下形成的，产生的时间还不长，但是发展迅速。目前，电子技术在信息的存储和传播方面一枝独秀，这也意味着信息资源管理的长远发展方向。

目前，国内外对信息资源构成的认识不尽一致，但综合起来有两种比较典型的观点：一种是狭义的理解，认为信息资源是指人类社会经济活动中经过加工处理有序化并大量积累后的有用信息的集合，如科学技术信息、政策法规信息、社会发展信息、市场信息、金融信息等，都是信息资源的构成要素。另一种观点是广义的理解，认为信息资源是人类社会信息活动中积累起来的信息、信息生产者、信息技术等信息活动要素的集合。也就是说，信息资源包括下述几个部分：①人类社会经济活动中经过加工处理，有序化并大量积累后的有用信息的集合；②为某种目的而生产有用信息的信息生产者的集合；③加工、处理和传递有用信息的信息技术的集合；④其他信息活动要素（如信息设备、信息活动经费等）的集合。这两种观点争论的焦点在于信息资源的构成是窄化（纯信息化）还是泛化，在于除信息之外的信息活动要素是否为信息资源的组成部分。其实质是信息资源概念的广狭之争在信息资源构成问题上的反映。①

1. 信息资源的构成要与信息资源的定义相一致

目前，国内许多论著在信息资源的认定上持广义之说，而在阐释信息资源的构成时却又仅限于狭义的信息资源。

2. 应将信息资源的构成要素与其开发利用条件区分开来

信息资源之所以重要，主要是因为其中所蕴含的有用信息具有十分重要的经济功能，如能帮助人们进行选择决策，消除经济活动中的不确定性，减少经济活动中其他资源的损耗，降低成本、节省开支等。而信息生产者、信息技术、信息设施、经费等信息活动要素只不过是信息资源开发利用的必备条件。没有信息要素的存在，其他信息活动要素都没有存在的意义。当然，信息要素价值的实现离不开信息生产者、信息人员技术、设施、经费等信息活动要素的综合作用，但不能因此就将之看作信息资源的构成部分。正如不能因为开发利用海洋资源需要专门的人员、技术、设施、资金等就将这些也作为海洋资源的构成要素一样。

3. 应将信息资源的构成与信息资源的类型区别开来

构成是指事物的组成单元，类型则是“按事物的共同性质、特点而形成的类别”。如汽车是由发动机、底盘、车身三部分组成的，这是其构成，而其类型则可依用途、性能、颜色等多种标准做不同的区分。但不管哪种类型的汽车，其构成都是一样的，都是由发动机、底盘、车身组成的。从这个意义上说，信息资源的构成就是从千差万别的各种信息资源中抽象出来的，所有信息资源都具备的基本“构件”。根据信息资源的定义以及上面的讨论，可以认为信息资源从总体上说就是由同质的单一体信息构成的。当然，这里的信息是有条件的，即是由人类选取、组织、序化的有用的那部分信息。②

第二节　文献信息资源的类型及特征

现代文献的出版早已突破传统纸张印刷品的范围，了解现代文献的类型，将有助于我们有计划、有目的地建设高校图书馆文献资源，并进行科学组织与管理。依据载体形式、内容性质和加工程度、出版类型，大致可以将文献划分为以下几种类型。

① 宫承波．新媒体概论 [M]. 北京：中国广播影视出版社，2021.

② 王昊，刘友华．信息系统分析与设计 [M]. 南京：南京大学出版社，2021.

一、按文献的载体形式划分

“文献资源”的概念是从图书馆“藏书”演化而来的，它是人们对文献认识水平深化的结果。同国家资源、矿产资源和森林资源一样，文献资源也是人类社会的一种宝贵资源，它是一种社会智力资源，是物化了的知识财富。文献资源的积累，可构成一个国家的知识储备，成为一个国家科学研究能力的重要组成部分，它的多寡及其存量水平是衡量一个国家文明水准和经济、文化、科学技术等综合国力的重要标志。不断并有效地开发利用文献资源，可以为人类带来巨大的、有时是无法估量的社会效益和经济效益。在现代社会中，文献资源具有数量庞大、增长迅速、形式复杂、文种多样、内容广泛交叉、时效性强等特点。文献资源可多次重复使用，可以进行复制和传递，可以通过选择、组织、布局等手段进行积累、改造和优化，其价值是潜在的，所产生的社会效益和经济效益也是间接的、潜移默化的，对文献资源的提取、开发和效益评价等需要使用特殊的手段和方法。只有通过不断积累、开发和利用，文献资源才能凸显其自身价值，[①] 因此，高校图书馆应在注重收集、组织的基础上，重视馆藏文献资源的开发利用以及开发利用的效益和环境保持等相关研究。

高校是人才高度密集型单位，是文献的主要使用者、生产者和创造者。为了满足高校师生的文献需求，高校图书馆在馆藏文献资源建设中应从专业建设、学科建设、教学科研需求方面着手，根据现代文献发展趋势和师生的文献利用方式收集、整理、开发文献资源。目前，高校图书馆的文献资源主要包括以下几种类型。

（一）印刷型文献资源

印刷型文献资源即纸质文献资源，包括图书、期刊、报纸、图片、画册等，它是以纸质材料为载体，以印刷为手段记录文字信息内容。由于印刷型文献的普及性，其目前是高校图书馆收藏的主要文献形式，添购印刷型文献的费用几乎占各高校图书馆文献购置经费的一大半。

（二）缩微型文献资源

缩微型文献资源即以印刷型文献为母本，采用光学摄影技术，把文献的影像固化在感光材料上的一类文献，包括缩微胶卷、缩微平片、缩微卡片等。[②] 随着电子技术和网络技术的发展，缩微型文献资源因为阅读必须借助阅读机或利用缩微复印机、使用极不方便等原因而逐渐被数字型文献资源所取代。高校图书馆一般不再制作和购买缩微型文献资源，仅保存以前制作和购买的缩微型文献资源。

---

① 宫承波 . 新媒体概论 [M]. 北京：中国广播影视出版社，2021.

② 郝建华，王雅戈 . 科技文献检索与论文写作 [M]. 南京：南京大学出版社，2021.

（三）数字型文献资源

数字型文献资源是指一切以数字信息方式存在的文献资源，涵盖广泛，形式多样，包括互联网上免费的网络资源和那些由出版商或数据库商生产发行的、商业化的正式出版物，一般含电子型文献资源和网络型文献资源两种。

1. 电子型文献资源

电子型文献资源是指以声、光、电磁等手段将文献信息记录在磁带、磁盘、光盘等载体上并通过计算机加以利用的出版物，是看得见、摸得着的实物。高校图书馆购买的光盘版数据库、百家讲坛等声像资料均属于电子型文献资源。随着网络型文献资源的出现，各高校图书馆购买的电子型文献资源主要集中在声像资料上，光盘版数据库由于对硬件设备要求高、阅读不便等原因在高校图书馆文献购置经费中所占的比重越来越小。

2. 网络型文献资源

相对于电子型文献资源看得见、摸得着，网络型文献资源则是看不见、摸不着的。它需要运用现代技术，通过计算机网络收集、整理和传输可供利用的保存在图书馆馆外的文献资源，又称虚拟型文献资源。网络型文献资源包括联机检索的数据库和Internet信息资源两部分。凡高校图书馆引进（包括购买、租用和受赠）或自建（包括扫描、转换和录入），拥有磁、光介质或网络使用权的数字形态的文献资源均称为网络型文献资源。根据网络型文献资源的现状，目前高校图书馆的网络型文献资源可分为7种类型：电子图书（学术专著、学位论文、教科书、标准、技术报告等类型资源）；电子期刊（出版商电子期刊、学会电子期刊、寄存集成商电子期刊）；工具型资源（考试系统、参考文献管理系统等）；学习型数据库（以语言学习、素质教育为主的文字、多媒体类资源）；文摘索引数据库（综合性、专业性数据库）；数值型数据库（经济、金融类统计数据库）；集成商全文数据库（报纸、杂志、期刊等混合型全文数据库）。随着科学技术的发展和计算机的普及，网络型文献资源在高校图书馆文献购置经费中所占的比重逐年增加。

二、按文献的内容性质和加工程度划分

依据内容性质和加工程度的不同，文献有不同的级次，通常有以下四种类型。

（一）零次文献

指作者本人未经出版发行的原始文献，包括私人笔记、底稿、手稿、个人通信、新闻稿、工程图纸、考察记录、实验记录、调查稿、原始统计数据、技术档案等。此类文献与一次文献的主要区别在于其记录的方式、内容的价值以及加工深度有所不同等。由于没有进入出版、发行和流通渠道，零次文献收集利用十分困难，一般不能作为我们利用的文献类型。

（二）一次文献

亦称原始文献，它是作者首次出版的原始创作，如图书专著、期刊论文、科技报告、会议论文、专利说明书等。一次文献是以生产活动、科学研究的第一手研究成果为依据而创作的文献，其内容先进，观点成熟，叙述具体，介绍详尽，参考价值大，是广大读者学习参考的主要文献，是主要的信息来源，是产生二次、三次文献的基础。

（三）二次文献

即在一次文献的基础上进行加工、提炼、压缩和整理之后而成的检索工具，如各种目录、题录、索引、简介和文摘等，又称为“检索性文献”或“通报性文献”。二次文献是图书情报工作者为了便于读者全面了解和准确查找所需的一次文献资料，在大量收集一次文献的基础上，经过分析、归纳、重组后出版的，用以检索、通报、控制一次文献，帮助广大读者在较少时间内获得较多文献信息的工具，具有较强的汇集性、工具性、综合性和系统性，是储藏、利用一次文献主要的科学的途径。

（四）三次文献

即利用二次文献提供的线索，选用大量一次文献的内容，经系统分析、综合和评述再度出版的文献，如综述研究类（包括专题述评、总结报告、动态综述、进展通信、信息预测、未来展望等），参考工具类（包括年鉴、手册、百科全书、词典、大全等），文献指南类（包括专科文献指南、工具书目录等）等，是高度浓缩加工的再生科研文献。三次文献源于二次文献又高于二次文献，具有内容集中、针对性强、参考性高、指导性优的特点，是人们掌握信息的主要途径。

三、按文献的出版类型划分

依据出版类型，文献一般可分为以下 10 种类型。

（一）图书

图书是论述或介绍某一领域知识，具有独立的内容体系、相当篇幅和完整装帧形式的出版物。图书又可分为三类：一类是阅读性图书，如教科书、科普读物和一般生产技术图书（含单卷书、多卷书和丛书）；一类是检索性工具图书，如书目、索引和文摘；一类是参考性工具图书，如指南、手册、年鉴、百科全书、辞典和字典等。图书往往是著者在经验积累的基础上或以长期科学研究的研究成果为基础，经分析归纳后编写而成的。

1. 教科书

教科书是供师生学习、分析、研究、探索用的基本资料，如《高等数学》《经济学》《生物学》《大学英语》《大学物理》等。

2. 科普读物

科普就是把人类研究开发的科学知识、科学方法，以及融贯于其中的科学思想和科学精神，通过多种方法、多种途径传播到社会的方方面面，使之为公众所理解，用以开发智力、提高素质、培养人才、发展生产力，并使公众有能力参与科技政策的决策活动，促进社会物质文明和精神文明的发展。① 科普读物就是与科学技术普及有关的书籍，如《量子物理史话》《十万个为什么》《游戏中的科学》《改变世界的方程：牛顿、爱因斯坦和相对论》《时间简史》《爱因斯坦：相对论一百年》《索拉里斯星》《天使与魔鬼》《夏娃的七个女儿》《走近爱因斯坦》等。

3. 一般生产技术图书

指将工业生产过程中的技术用文字的形式记录并公开的资料，如《曲轴模锻生产技术》《烟花爆竹安全管理与安全生产技术》等。

4. 卷书

卷书是以单行本形式出版的著作，每本书的内容都是完整的，如《坝基红层软岩工程地质研究与应用》《英美文学名著赏析》《行政处罚释义与案例评析》等。

5. 多卷书

即分成两卷或两卷以上出版的一部完整的著作，各卷在一个总书名下，一般不再命名各卷的书名。如撰修于元朝末年的多卷本史书《宋史》，多卷本高级医学参考书《神经病学》，多卷本套书《近代中国社会文化变迁录》等。

6. 丛书

丛书又称丛刊、丛刻、汇刻书、套书，是把各种单独的著作汇集起来，给它们冠以总名的一套书，其形式分为综合性和专门性两种。② 一般认为南宋俞鼎孙、俞经的《儒学警悟》可算为中国丛书的鼻祖，它刻于 1201 年；以后各代也多有编纂，比较有名的丛书如《四库全书》《四部丛刊》《四部备要》等。其中《四库全书》的部头之大，堪称中国古代丛书之最，共收书三千五百零三种，七万九千三百三十七卷，约八亿九千七百万字。中国古代丛书多为综合性的丛书。目前，专门性丛书出版较多，如《园林绿化草坪建植与养护——当代草坪建植技术丛书》《中小学教师教学艺术丛书》《生活小顾问咨询丛书》《生态旅游与法律丛书》等。

7. 书目

书目是著录一批相关文献，并按照一定的次序编排而成的一种揭示与报道文献的工具书。如《全国新书目》《比利时书目》《中学生必读书目》等。

---

① 陈玉海．论科普的科学性与人文性 [J]. 东北大学学报，2012.

② 宁爱媛．丛书分类问题辨析 [J]. 江西图书馆学刊，2012（6）：34–36.

8. 索引

索引是将文献中某些重要的、具有检索意义的事项，如书名(篇名)、著者(出版者)、出版地、引用文献、关键词（主题词）、人名、地名、词语、概念等，根据一定的需要摘录出来，并按照一定的方式有序编排起来，以供检索的工具书，如《全国报刊索引》《中文社会科学引文索引》《工程索引》《中华人民共和国行政区划索引》等。

9. 文摘

文摘是通过搜集首次出版的文献，对某一给定知识领域的文献进行全面报道，充分地摘录和标引，并按照一定的著录规则与排列方式系统地编排起来，使相关文献尽可能迅速、广泛和方便地被人们获得。文摘不仅记录文献的基本书目信息，而且提供文献的内容梗概，是系统报道、积累和检索文献的重要工具，如《报刊文摘》《计算机应用文摘》《读者文摘》《化学文摘》《医学文摘》等。

10. 指南

指南是介绍有关文献、科学研究进展、人物、组织机构、旅游景点、贸易等情况，并经过系统编排，使读者了解有关情况的重要工具书。如《商务指南》《电视指南》《2016 年中考指南》《创业指南》《手足口病预防控制指南》等。

11. 手册、年鉴

手册是将某一方面经常需要查询的资料，如某方面的基础知识、一些基本数据、公式、条例等汇集而成的工具书，一般分为综合性和专业性两类，如《高考专业选择与志愿填报完全指导手册》《员工手册》《汽车维修手册》《机械设计手册》《深圳手册》《旅游手册》等。年鉴是以全面、系统、准确地记述上年度事物运动、发展状况为主要内容的资料性工具书。它汇编一年内的重要时事、文献和统计资料，如当年的政府公报、国家重要报刊的报道和统计部门的数据等，按年度连续出版。它博采众长，集辞典、手册、年表、图录、书目、索引、文摘、表谱、统计资料、指南、便览于一身，具有资料权威、反应及时、连续出版、功能齐全的特点，主要作用是向人们提供一年内全面、真实、系统的事实资料，便于了解现状和研究发展趋势。年鉴分综合性年鉴和专业性年鉴两种，综合性年鉴如《中国年鉴》《世界年鉴》《百科年鉴》《申报年鉴》《上海市年鉴》《湖北年鉴》等；专业性年鉴如《中国经济年鉴》《中国电影年鉴》《中国信息年鉴》《中国统计年鉴》《长江年鉴》等；比较著名的年鉴有《世界年鉴》《咨询年鉴》《惠特克年鉴》和《政治家年鉴》等。①

12. 百科全书

即概括记述人类一切知识门类或某一知识门类、内容非常完备的工具书。它是一个国家和一个时代科学文化发展的标志。百科全书的主要作用是供人们查检必要的知

① 张宝泉，孙秀惠，李志超 . 地方文献检索概论 [M]. 甘肃：敦煌文艺出版社，2019 年 .

识和事实资料，扩大视野和帮助系统求知，其完备性在于它几乎包容了各种工具书的成分，囊括了各方面的知识，常被誉为“没有围墙的大学”，如《不列颠百科全书》《美国百科全书》《世界大百科事典》《中国大百科全书》《中国军事百科全书》《中国食品百科全书》《中国古代百科全书》《中国儿童百科全书》等。

13. 词典（辞典）

词典是主要用来解释词语的概念、意义、用法的工具书。广义的词典包括语文词典及各种以词语为收录单位的工具书；狭义的词典仅指语文词典。其整体结构一般由前言、凡例、正文、附录、索引等部分组成，正文以词条的形式解释词目，词条实现有序化编排。从不同的标准或特征出发，词典可分为多种类型。汉语词典从内容上分为语文词典、学科（百科）词典、专名词典三类，如《考林斯英语词典》《汉语大词典》《牛津英语词典》《辞海》《牛津高阶英语词典》《佛学大词典》《英汉电子工程辞典》《科学技术社会辞典》《税收辞典》等。随着科学技术的发展，辞典逐步电子化，通过在线网络就可以轻松方便地查找到自己所需要的资料。

14. 字典

字典是为字词提供音韵、意思解释、例句、用法等的工具书。字典可分为详解字典和特种字典两种：详解字典是就字的形、音、义进行全面解释，如《新华字典》《汉语大字典》等；特种字典亦称专门字典，它仅就字的某一方面进行解释，如正字字典、正音字典、虚字字典、难字字典等。现代字典都提供了很多功能，其中最主要的两大功能分别是：以沟通为主，帮助理解文字及翻译；以知识为主，针对某事物来寻获知识。

（二）期刊

期刊又名杂志，是从英文“magazine”“periodical”“journal”三个词翻译过来的，一般是指出版周期相对固定，有固定的名称，有卷期或年月标志，围绕某一主题、某一学科或某一研究对象，汇集多位作者的多篇文章、资料或线索，由专门的编辑机构编辑出版的一种连续出版物。按照期刊反映的内容，期刊可以分为学术性期刊、政论性期刊、行业性期刊、资料性期刊、检索性期刊、报道性期刊、评述性期刊、通俗性期刊和文学艺术性期刊等种类。如《科学决策》《南风窗》《岩土工程学报》《党建研究（内参）》《全国报刊索引》《畅销书摘》《党政论坛》《读者》《小说月报》等。

（三）专利文献

专利文献是包含已经申请或被确认为发现、发明、实用新型和工业品外观设计的研究、设计、开发和试验成果的有关资料，以及保护发明人、专利所有人及工业品外观设计和实用新型注册证书持有人权利的有关资料的已出版或未出版的文件（或其摘要）的总称（如世界知识产权组织 1988 年编写的《知识产权教程》，通常指各国专利局的正式出版物，包括专利说明书、专利公报、专利文摘、专利索引和专利分类表等。专利文献的主体是专利说明书，还包括专利公报、专利检索工具及有关的法律文件等。所谓专利说明书是指专利申请人向专利局递交的有关发明目的、构成和效果的技术文件，它经专利局审核后，向全世界出版发行。专利说明书的内容比较具体，有的还有附图，通过它可以了解该项专利的主要技术内容。专利文献包括以下三部分：一次专利文献，如专利说明书；二次专利文献，如专利公报、专利题录、专利文摘；专利分类资料，如专利分类、分类表索引、关键词索引等。①

（四）标准文献

标准文献是指经公认权威机构（主管机关）批准的一整套在特定范围（领域）内必须执行的规格、规则、技术要求等规范性文献，其中主要为工业产品和工程建设的质量、规格和检验方法等的技术规定文件。标准按性质可划分为技术标准和管理标准。技术标准按内容又可分为基础标准、产品标准、方法标准、安全和环境保护标准等。管理标准按内容分为技术管理标准、生产组织标准、经济管理标准、行政管理标准、工作标准等。标准按适用范围可划分为国际标准、区域性标准、国家标准、专业（部）标准和企业标准，按成熟程度可划分为法定标准、推荐标准、试行标准和标准草案等。一个国家的标准文献反映着该国的生产工艺水平和技术经济政策，而国际现行标准则代表了当前的世界水平，国际标准和工业先进国家的标准常是科研生产活动的重要依据和情报来源，国际上最重要的两个标准化组织是国际标准化组织（ISO）和国际电工委员会（IEC）。

（五）会议文献

会议文献是指产生于国际或国内重要的学术或专业性会议的论文、报告及有关文件的总称。会议文献多数以会议录的形式出现。会议文献可分为会前、会间和会后三种形式。会前文献包括征文启事、会议通知书、会议日程表、预印本和会前论文摘要等，其中预印本是在会前几个月内发至与会者或公开出售的会议资料，比会后正式出版的会议录要早 1 ~ 2 年，但内容完备性和准确性不及会议录。有些会议因不再出版会议录，故预印本就显得更加重要。会议期间的会议文献有开幕词、讲话或报告、讨论记录、会议决议和闭幕词等。会后文献有会议录、汇编、论文集、报告、学术讨论会报告、会议专刊等，三种会议文献当中，会议录是会后将论文、报告及讨论记录整理汇编而公开出版或发表的文献。其中会后文献是主要的会议文献。由于没有固定的出版形式，会议文献一般刊载在学会协会的期刊上，作为专号、特辑或增刊，或者发表在专门刊

① 王立诚 . 科技文献检索与利用 [M]. 南京：东南大学出版社，2014.

载会议录或会议论文摘要的期刊上。[①]

（六）科技报告

科技报告是20世纪40年代以后大量出现的一种文献形式，又称研究报告、技术报告或报告文献，是记录国家、政府部门或科研生产单位关于某项科学研究的阶段进展报告或研究成果的总结报告。科技报告按形成渠道分为工作报告、会议报告、实验报告、调查报告、科技报告，按内容可分为专题报告和综合报告，按时间可分为年度报告、季度报告和月份报告，按活动进度可分为初步报告、进展报告、总结报告。有些报告因涉及尖端技术或国防问题等，所以又分绝密、秘密、内部限制发行和公开发行几个等级。目前国际上较著名的科技报告是美国政府的四大报告，即PB报告、AD报告、NASA报告和DOE报告。PB是美国商务部出版局的缩写，其内容已逐步从军事科学转向民用，现主要侧重于民用工程技术、城市规划、环境污染和生物医学方面。AD报告是美国陆海空三军科研机构的报告，也包括公司企业及外国的科研机构和国际组织的研究成果及一些译自其他国家的文献，其内容不仅包括军事方面，同时也广泛涉及许多民用技术，包括航空、军事、电子、通信、农业等22个领域。NASA是美国国家航空和宇航局的缩写，NASA报告的内容以航空和空间技术领域为重点，同时广泛涉及许多基础学科和技术学科。DOE是美国能源部的缩写，DOE报告是原子能和能源管理系统的报告。

（七）学位论文

学位论文是高等学校或研究机构的学生为取得学位，在导师指导下完成的科学研究、科学试验成果的书面报告，它是学位制度的产物。由于各国教育制度规定授予学位的级别不同，学位论文也相应有学士学位论文、硕士学位论文、博士学位论文之分。学位论文探讨的问题一般较深，但质量参差不齐，多数有一定的独创性，其中博士学位论文具有较高的学术价值。学位论文除少数在答辩通过后以科技报告、期刊论文的形式发表出版外，多数不公开发行，属于非卖品。

（八）产品技术资料

产品技术资料指为向社会宣传和推销产品而印发的介绍产品情况的产品目录、产品样本、产品说明书、厂商介绍、产品一览表、产品数据手册、厂刊、外贸刊物等。产品样本通常对定型产品的性能、构造、用途、用法和操作程序等作具体说明，大多数有外观照片和结构图，内容成熟，数据可靠。产品技术资料一般向厂商直接索取，有些以汇编形式正式出版的可以在图书馆查到。

① 郝建华，王雅戈．科技文献检索与论文写作 [M]. 南京：南京大学出版社，2021.

（九）科技档案

科技档案指科学研究和生产建设活动中形成的具有参考利用价值，并归档保存的具体事物的技术文件、图纸、图表、照片和原始记录等，按科技活动内容分为科研档案、工程建设档案、生产技术档案、设备管理维修档案等；按专业领域分为工业技术档案、农业技术档案、交通运输档案、城市建设档案等；其详细内容包括任务书、协议书、技术指标、审批文件、研究计划、方案大纲、技术措施、调查材料、设计资料、试验和工艺记录等；是科研工作中用以积累经验、吸取教训的重要文献。技术档案一般为内部使用，不公开出版发行，有些有密级限制，因此在参考文献和检索工具中极少引用。

（十）政府出版物

政府出版物是指由各国政府部门及其设立的专门机构负责编辑印制并通过各种渠道发送或出售的文字、图片，以及磁带、软件等文献的总称，它是政府用以发布政令和体现其思想、意志、行为的物质载体，同时也是政府的思想、意志、行为产生社会效应的主要传播媒介。① 政府出版物的内容广泛，涉及社会科学、自然科学等领域。就文献的性质而言，政府出版物可分为行政性文件（如政府法令、方针政策、规章制度以及调查统计资料等）和科学技术文献（如研究报告、技术政策、科教文化统计资料、会议记录）两部分。我国政府发布的《中国统计年鉴》就是一种政府出版物。

因为内容和性质的不同，上述 10 种文献类型在出版时间上是有先后顺序的：期刊因为品种多、容量大、速度快，是许多论文的首发渠道；学位论文、会议文献、科技报告和专利文献，由于需要满足一定的特殊要求，尽管成形速度也较快，但出版的数量非常有限；题录、目录和文摘由于需要客观报道一次文献的主要内容，略晚于期刊和专利文献、科技报告、会议文献；图书、综述和百科全书．因为需要在大量一次文献的基础上作综合加工或汇编成册，所需出版周期长。

第三节　高校图书馆文献的特征

一、高校图书馆文献的总体特征

（一）数量庞大，增长迅速

文献作为记录知识的载体，随着科学技术的发展而发展。由于当代科学技术的迅猛发展，研究人员的不断增加，作为知识产品的文献的数量也必然迅速增长。1944 年，

① 刘志．出版理论与实务研究 [M]. 北京：中国人民大学出版社，2018.

美国 Wesleyan 大学的赖德对美国主要大学图书馆自 1831 年至 1938 年的藏书量进行了调查统计，计算出平均每 16 年增加一倍。赖德的这一发现启发 D. 普赖斯将其推广到科学知识的全部领域，他在题为《巴比伦以来的科学》的论文中，以图表形式说明了科学杂志和论文数的增加。[①] 他指出，世界上最早出版的科学杂志是《伦敦皇家学会哲学汇刊》，1750 年全世界约有 10 种科学杂志，1800 年前后增加到 100 种，19 世纪中叶增加到 1000 种，20 世纪初达到 10000 种，由此推导出杂志数增长的规律性，即从 1750 年算起，科学杂志的数目每半个世纪增加 10 倍。D. 普赖斯又对文摘性杂志进行了统计，证明文摘性杂志基本上也以 50 年增加 10 倍的规律增长，他根据这些统计数字导出了“指数曲线增长的法则”，即新增杂志的数目不是一次函数，而是指数函数，指数函数的常数约 15 年翻一番。同时他对 1918 年到 20 世纪 60 年代初《物理文摘》上登载的论文数量进行了统计，基本上也是 15 年左右增加一倍。虽然文献指数增长的规律只反映了某一历史时期内一定学科文献增长的客观情况，文献不可能无止境地增长，但它对我们认识文献增长速度还是很有意义的。

（二）内容交叉重复严重

由于科学技术的迅速发展，科研机构与科研人员的大量增加，国际间的交流与协作日益频繁以及相互间的激烈竞争，导致文献内容的交叉重复日趋严重，突出表现在以下几个方面。

1. 同一篇科技论文以多种形式发表，例如：一篇科技论文可能先在学术会议上发表，随后又在期刊上登载；一篇科技报告，可能先在期刊上发表，又出了单行本，例如：95% 的美国国防基金会的技术报告既出单行本，又在期刊上发表。

2. 一件发明可以向许多国家申请专利而获得专利权，同一内容的专利说明书可以在许多国家以不同的文字出版。据统计，近年来世界各国公布的专利说明书的重复率超过 65%，加拿大的专利说明书中 87.2% 与外国专利说明书重复，其中同美国重复的就占 2/3 以上。

3. 世界各国互相翻译出版大量内容相同的文献，一种文献可以被译成多种文字。据报道，目前互相翻译的图书已占世界图书出版种数的很大比重。

4. 许多内容相同的文献以不同的形式出版，有的文献既出印刷品，又出缩微版，还有计算机磁带版，有的文献既出单行本，又出合订本，例如：美国的科技报告同时出版印刷版和缩微版。

① 赖德 . 巴比伦以来的科学 [J]. 美国 Wesleyan 大学学报，1944.

（三）载文相对集中却又高度分散

当代科学技术出现了不断分化又不断综合的发展趋势，从而导致了学科越分越细，分支学科越来越多，各个学科交叉渗透，大量边缘学科、交叉学科、横断学科不断地涌现，这样就使得专业文献的分布出现了极大的不均匀性。这种不均匀性表明，在某一专业领域的论文，一方面相对地集中在一小部分专业性刊物上，另一方面又高度分散在其他业内知名度高的相关领域的刊物上。文献的离散特点为文献的采集及利用增加了困难，使人们难以把握专业文献的全貌。布氏文献分布定律为我们认识文献离散的规律性提供了依据，因此，了解文献离散特点，掌握布氏分布定律，研究测定载文率高、情报含量大的核心期刊，对于图书馆文献资源建设有着极为重要的现实意义。

（四）形式复杂，语种繁多

科学技术的发展，不仅充实了文献的内容，也带来了文献载体的变革。现代文献的生产早已突破了传统的纸张印刷方式，声、光、电、磁等现代技术和化学塑胶新材料的广泛应用，使得缩微平片、缩微胶卷、录音带、录像带、计算机磁带、磁盘以及光盘等新型文献载体相继问世，出现了印刷型文献与缩微资料、机读文献、声像型文献等多种文献载体并存的局面。文献使用的语种也在不断扩大，20 世纪 40 年代科技文献主要使用英、德、法等少数几种文字，而目前已经达到几十种，例如：俄罗斯的《文摘杂志》引用了 66 种文字翻译出版；美国的《化学文摘》引用了几种文字翻译出版，语言障碍经文献的收集、整理和利用造成了一定的困难。

（五）时效性强

随着人类社会的进步，科学知识不仅在不断地“叠加”，而且在迅速“更新”，因而在新文献大量出现的同时，一些旧的文献由于内容陈旧过时而失去效用，这就是文献的推陈出新特性。现代科技的飞速发展，使得文献的有效使用时间大大缩短，加速了文献的推陈出新；另外，对各种出版类型的文献的使用寿命，做出的估计为：图书 10 ~ 20 年；期刊论文 3 ~ 5 年；科技报告 10 年；学位论文 1 ~ 7 年；科技文献的平均寿命不到 5 年。研究文献推陈出新的规律，了解文献的半衰期，对图书馆文献的采集、复审与剔除、规划与布局、保存与利用均有十分重要的意义。

二、不同出版类型文献的具体特征

随着科学技术的高速发展和社会的进步，文献作为人类精神与物质相结合的产物，其内容越来越广泛，形式越来越复杂，文种越来越多样，数量越来越庞大，增长率越来越高，而且时效性强。

（一）图书

主题突出、系统完整、成熟可靠，但出版周期较长，内容比较滞后。图书一般作为系统学习的工具。

（二）期刊

内容新颖，报道速度快，信息含量大，具有多样性、兼容性和群集性的特点，是传递科技信息、交流学术思想最基本的文献形式。据统计，期刊情报占整个情报源的60% ~ 70%，因此，是科技工作者参考的主要文献。许多检索工具也以期刊论文作为报道的主要对象，查阅期刊论文已成为教学和科研人员对某一问题深入了解的主要渠道。

（三）专利

专利文献具有法律性、实用性、可靠性、新颖性、重复性、系统性和难读性的特点，是教学和科研人员特别是工程技术人员一种结合实际、启迪思维的重要情报源。

（四）标准文献

作为一种规章性文献，标准文献具有一定的法律约束力，适用范围和用途明确，可靠性高，系统性和完整配套性强，一般的平均使用寿命为10年，新技术领域标准的有效时间只有3 ~ 5年。

（五）会议文献

会议文献具有传递情报比较及时、内容新颖、专业性和针对性强、种类繁多、出版形式多样等特点。因为能及时反映科学技术中的新发现、新成果、新成就以及学科发展趋向，代表着某一领域内的最新成就，会议文献对教学和科研人员有很大的启发性，具有较高的参考价值，是科技文献的重要组成部分，也是获得最新情报的一个重要来源。

（六）科技报告

科技报告在内容方面较期刊论文专、深、详尽、可靠，是一种难得的情报源，具有真实性、新颖性、动态性、传播途径独特、不公开发表的特点，通常由主管机构连续出版。

（七）学位论文

学位论文具有相当的学术性和独创性，对科研工作与教学工作有较高的参考价值。

（八）产品技术资料

产品样本通常对定型产品的性能、构造、用途、用法和操作规程等作具体说明，其内容成熟，数据可靠，图文并茂，形象直观，出版发行迅速，多为免费赠送。

（九）科技档案

保密性强，主要供内部参考使用，在参考文献和检索工具中极少引用。

（十）政府出版物

具有官方性质。

三、电子型文献资源的特征

（一）存储量大、体积小

不同于印刷型文献，电子型文献资源是以声、光、电磁为载体。一张 300 毫米的光盘可以存储 100 万页 16 开由文字编码信息组成的资料，大大节省了存储空间。

（二）阅读不便，利用率低

电子型文献资源必须借助于计算机等硬件设备和相应的软件才能正常使用，而且随着光盘等电子型文献数量的增加，相应的硬件如光盘塔、磁盘阵列等也需要不断增加，对条件较差的高校图书馆是个制约；且数量增加后，检索量增加，检索烦琐，不利于读者利用。

四、网络型文献资源的特征

（一）数量庞大，类型繁多

Internet 上的信息资源种类繁多，数量庞大，中国国家顶级域名已超过德国国家顶级域名，成为全球注册保有量第一的国家和地区顶级域名。全球最大搜索引擎 Google 公司已与美国纽约公共图书馆以及哈佛大学、斯坦福大学、密歇根大学和英国牛津大学的图书馆合作，将这些著名图书馆的馆藏图书扫描制作成电子版放到网上供读者阅读，打造出一座全球最大的网上图书馆。[①]

（二）依赖信息基础设施

网络信息资源必须依赖于电信、服务器、交换机、计算机等信息基础设施才能使用。目前，国际互联网的用户已达数十亿人，其中中国有 9 ~ 10 亿人，我国高校图书馆主要通过中国高等教育科研网（CERNET）与国际互联网相连接。

---

① 黄宗忠 . 数字图书馆发展的新阶段——关于 Google、欧洲数字图书馆筹建的评价与对策 [J]. 图书情报知识，2005（5）：2.

（三）传播速度快，更新及时

网络信息资源由于是在线形式，更新迅速、及时，许多新闻、报纸、网络学术文献库都是每天更新，大大提高了资料的及时性和新颖性。

（四）检索方便，利用率高

为便于用户在浩瀚无边的信息资源中搜索到自己所需的资料，开发商开发了网上搜索引擎，如有名的搜狗、百度等，许多网络学术文献库、网上图书馆、电子杂志等都开发有专门的高级检索平台，用户通过题名、作者、关键词、作者单位等即可找到自己的所需。

第二章　高校图书馆文献信息资源的开发机制

高校图书馆有着数量巨大的藏书，文献信息资源也十分丰富。面对复杂、数目庞大的文献信息资源，不同的图书馆要选择并引进适应自身发展的资源，还要在开发新资源的同时科学组织管理本馆已有的文献资源。本章从高校图书馆文献信息资源的来源与选择、引进与采集以及开发路径来研究高校图书馆文献信息资源的开发机制。

第一节　高校图书馆文献信息资源的来源与选择

一、高校图书馆文献资源的来源

高校图书馆文献资源的建设过程是漫长又复杂的，不同的图书馆依据自身办馆的目标，致力于满足受众群体不同的阅读需求，同时又要综合考虑自身的办馆条件、藏书数目、所需经费等因素来对文献资源进行选择，还要不断补充新的资源。满足科研、教学和学习需求，是建立馆藏资源的最终目标，也是文献采访工作的出发点与归宿。而这个过程的开展与最终完成，必须依靠出版发行信息才能够进行，出版发行信息是文献采访工作的主导因素，因此，重视与开展出版发行信息研究工作，对高校图书馆的馆藏文献资源建设有着十分重要的意义。

出版发行信息一般包括文献出版发行动态，文献发行机构，发行的文献内容、质量、类型、载体，发行时间、发行方式、获取途径等。

（一）我国文献的出版发行

传统图书馆时期，我国的出版发行信息主要是由新华书店和一些出版机构提供的书目、书评、书摘、广告，其功能就是作为图书出版信息介绍宣传和作为图书定购工具。随着电子化、数字化和网络化的普及与应用，文献采访活动所借助的出版发行信息不再局限于传统的新华书店、出版社、编辑部、邮局和专业图书进出口公司，还有各个专业学会、协会、学术机构、社会团体、电子出版物出版商、各类文献信息、出版机构门户网站、联机数据库服务商、因特网信息服务商等机构；类型也不仅有印刷型，还有电子版、光盘版、网络版等形式信息内容。①

1. 我国出版发行事业的基本状况

我国的出版发行事业尽管有着悠久的历史，但真正发展还是在改革开放以后。改革开放以后，我国出版业蓬勃发展，单位数量和从业人数都在急剧增长，产业规模不断扩大，图书的品种、数量和销售额也上升到了新的高度。

我国每年的出版发行量都很高，品种也是丰富多样，可以为高校图书馆的馆藏建设提供充足的文献资源。不同的出版社有不同的出版范围，按照不同的隶属关系、不同的内容范围、不同的文献类型和不同的读者对象，可将出版社做以下类型划分。

按照不同的隶属关系，可分为政府出版社、部门出版社和团体出版社。政府出版社指由中央和各地党务系统领导的出版机构、国家新闻出版署领导的国家级出版机构和由各省、市、自治区新闻出版局领导的各地方出版机构，如人民出版社、商务印书馆、中华书局等。部门出版社指由各专业系统及下属单位直接管辖的出版机构和军队系统领导的出版机构，如机械工业出版社、人民交通出版社、解放军文艺出版社等。团体出版社由群众团体领导，如中国青年出版社、工人出版社等。

按照不同的内容范围，可分为专业性出版社、综合性出版社、多学科出版社。如湖北人民出版社等属于综合性出版社；水利水电出版社、机械工业出版社、人民文学出版社等属于专业性出版社；各大学出版社、科学出版社、商务印书馆等属于多学科出版社。

按照不同的文献类型，可分为图书出版社、期刊出版社、报纸出版社、音像出版社、电子出版社、特种文献出版社（包括专利文献出版社、标准文献出版社、地图出版社）等。

按照不同的读者对象，可分为青年读物出版社、少年儿童读物出版社、农村读物出版社、老年读物出版社、妇女读物出版社等。如中国少年儿童出版社、中国青年出版社、农村读物出版社、中国老年出版社、中国妇女出版社等。

我国的出版社遍布全国各地，但由于北京、上海分别是我国的政治和经济中心，一直是我国的出版中心和出版基地，全国图书出版机构有 60% 集中在两地。尽管发行量较大、较有权威的出版物大多由中央国家级出版机构或各级政府及所属部门出版，但不少地方出版社也不甘落后，经过几年发展，不仅数量大幅增加，而且质量也有很大提高。随着计算机和网络的发展，电子、网络出版业也发展迅速。

---

① 端木艺 . 实用信息资源检索与利用 [M]. 南京：南京大学出版社，2018.

2. 出版社简介

高校图书馆文献资源建设需要收集收藏许多出版社出版的文献资料；期刊资料一般通过邮局征订；数字资源一般先试用后购买；后两者选择的难度相对较小，唯有图书因为每年的出版发行量较大，选择的难度相对也较大。为便于及时收集收藏到需要且适用的图书，提高高校图书馆的工作效率，下面着重介绍一些知名的出版社。

（1）大学出版社

20 世纪 70 年代末，为了解决学术著作出版难的“瓶颈”障碍，各地相继成立了大学出版社，为我国高等教育事业和出版事业的发展增添了动力。大学出版社不同于一般的出版社，其主要目的是满足教学、科研和学习需求，出版的书籍大多是学术著作和教材，基本上形成了一个专业分工较为合理、学科结构较为全面的出版体系，正在逐步成为我国出版学术著作和科学、文化、教育读物的重要基地，在反映我国高校教学和科研水平上起到了重要作用。① 不同的大学出版社有不同的出版特色，高校图书馆一般根据本校的学科专业来选择购书。如清华大学的计算机实力较强，一般有计算机专业的高校其图书馆都会收藏清华大学出版社出版的相关学术著作。目前，比较有特色的大学出版社主要有清华大学出版社、北京大学出版社、中国人民大学出版社、复旦大学出版社、武汉大学出版社、广西师范大学出版社、浙江大学出版社、厦门大学出版社、天津大学出版社等。

（2）专业出版社

各专业出版社是专业图书的主要生产者；高等学校实施的是专业教育，是专业教材、教学参考书、专业科技图书和工具书的重要消费市场，是高校图书馆文献收藏的重点。目前，国内仅一级专业出版社就有 40 多家，如机械工业出版社、化学工业出版社、电子工业出版社、中国水利水电出版社、中信出版社等。

（3）其他多学科出版社

多学科出版社出版的图书面较广，可以满足不同读者群体的需求，高校图书馆可有针对性地选择多学科出版社，收集收藏与本校相关的学术著作、教学参考书、工具书等。目前，除了大学出版社外，国内多学科出版社还有很多，下面主要介绍高等教育出版社、科学出版社、中国社会科学出版社、生活·读书·新知三联书店、商务印书馆和中华书局等几家比较有名的出版社。

高等教育出版社：创立于 1954 年 5 月 18 日，是中华人民共和国教育部所属的出版全国高等教育、职业技术教育和成人教育教材的综合性的大型出版社，出版的教材主要包括新编教材和国外教材的中译本、影印本等，满足了我国普通高等教育理、工、文、农、医各科，中等职业技术学校以及成人自学高考等各个层次、各个学科的教学

---

① 张养志 . 出版产业转型研究 [M]. 北京：文化发展出版社，2020.

需要。其出版物质量优良，广获好评，众多教材颇具影响。目前，高等教育出版社已成为具备多学科、多类型、多层次、多品种、多媒体形式出版能力，业务涉及图书、期刊、音像制品、电子出版物以及网络、电视等领域的大型综合性出版传媒集团，综合实力和竞争力不断加强，并在教材出版领域引领国内潮流，产生了一定的国际影响。目前，许多高校图书馆都将高等教育出版社出版的图书作为收藏的首选。

（4）中国台湾地区和中国香港地区的出版业简介

长久以来，中国台湾出版业风气开放、发展蓬勃，知识传播及文化创意使其在整个亚洲地区都有较强的竞争力。出版社规模差距悬殊，绝大部分出版社的规模都很小，图书种数一直呈上升的趋势。中国台湾图书出版业较重视工具书的出版，尤其是大型工具书得到出版商们的广泛关注；古旧文献的整理出版也较受重视，影印了大量古籍。20 世纪 90 年代以后，中国台湾图书出版业开始热衷于出版少儿读物、多媒体电子出版物。

中国香港规模较大的图书出版机构有商务印书馆（香港）有限公司、中华书局（香港）有限公司、三联书店（香港）有限公司、新亚洲出版社、朗文出版社等，每年出版图书万余种。

（二）外国文献的出版发行

目前，世界各国共有出版社 10 万多家，分为综合性出版社、专业性出版社、参考工具书出版社、大学出版社、教科书出版社、政府出版机构、学术团体出版机构等七种类型，主要集中在北美、西欧、日本等发达国家。各种不同类型的出版社都有自己的出版特点，例如：综合性出版社由于建立较早、规模较大、编辑出版力量雄厚，其出书质量高、出版范围广，在世界很多国家设立有分公司、代理机构和经销点，如美国的约翰·威利父子出版公司、英国的培加蒙出版社等；专业性出版社由于规模较小，出版的图书内容比较专业，有的只出版某一学科或几个学科的图书，其出版的图书学术价值较高，如日本东京的化学同人社、美国的数学出版社等，参考工具书出版社专门出版综合性或专业性参考工具书，如英国的麦克米兰出版有限公司和美国的鲍克公司等；大学出版社主要出版反映本校学术水平的教授和学者的学术著作，不以盈利为目的，出版的图书学术水平高，如英国的牛津大学出版社、美国的哈佛大学出版社、日本的东京大学出版社等；教科书出版社主要以出版各类学校的教科书为主，同时也出版一些教学参考书，如美国的利顿教育出版公司等；政府出版机构专门出版政府保密性文件，如美国政府出版局、英国皇家出版局等；学术团体出版机构主要出版本学会组织学术活动所产生的文献，此类文献很多是最新的研究成果，有很高的学术水平，如美国的电器与电子工程学会、英国的皇家化学会都设有这样的出版机构。尽管国外出版社数量庞大，但真正出版量大、出书稳定、久负盛名的出版社不多，绝大多数出版社是每年只出几本或几年才出一本的小出版社和“皮包出版商”。

二、高校图书馆文献资源的选择与采购

在高校图书馆文献资源建设的过程中，选择和采购适应本馆发展的文献资源是极其重要的环节。如何选择适合自己的文献，如何降低选择的盲目性和采购的浪费性，如何精准高效地完成任务，都是相关文献采访人员需要思考的问题。这就要求相关人员对本馆的各方面信息都有一个准确的了解。

这需要按以下步骤进行：

（一）需求信息调研

1. 本馆性质、任务调研

作为图书馆的文献采访人员，在购置文献资源前，要对本馆的办馆任务、特色和性质有一个清晰的定位，同时又要结合学校的办学特色、学科发展、课程安排等情况，及时掌握学校的发展动态及规划，是否新增或停办某些专业，哪些学科上升为国家级、省级和校级重点学科，并以此作为文献订购的参考依据。同时，还要根据本馆的发展规划，经济实力，读者人数以及完成本馆任务、目标所需的文献保障，确定适当的文献采集规模。

2. 用户需求调研

高校图书馆文献信息资源必须要满足用户的需求，只有了解了用户的需求才能够按需选择、引进文献，才能够提高用户的满意度，从而更好地发挥图书馆的作用。调查方式可采用书面调查、网上调查、询问调查和座谈讨论等方法。具体措施如下：

（1）文献采访工作人员可以从图书馆的用户服务部、读者意见栏等途径来了解和掌握读者对于文献信息的需求，充分了解本馆文献的利用状况。

（2）图书馆可以定期开展读者交流会、座谈会，以这种方式来让读者对图书馆的文献信息建设工作进行一些反馈，并且能够直接高效地了解读者的需求。可以根据不同的受众开展不同的座谈会，如本科生座谈会、研究生座谈会、教师座谈会、专家座谈会。

（3）每学期定期组织开展深入学校征求老师学生意见的活动，直接走访、面对面交谈，能够很好地了解到广大师生需要什么文献信息资料，也可以请相关专家学者推荐一些值得购买的文献资源。

（4）发放调查表也是了解读者需求的重要手段之一。表格的内容可包括读者姓名、年龄、职称、学历、专业，经常使用哪些图书、期刊、电子资源及对馆藏文献购置的意见和建议等。

（5）还可以利用线上平台，来了解读者的阅读需求、征集读者的购买意见。高校图书馆可以开发出推荐购买文献资源的相关线上平台，利用网络的便利性，直观、清晰地向受众展示图书馆已有的图书等信息资源，还能广泛地收集读者的意见。

3. 馆藏信息调研

首先，要对本馆馆藏文献的收藏情况有总体了解。例如，本馆图书、期刊的收藏重点，收藏特色，收藏的图书种类、册数等。其次，统计馆藏文献的利用率。高校图书馆的文献资源应该充分满足学校的教学、科研需求，具有相对稳定的学科范围和读者范围，还能进一步带动当地经济文化的发展。通过对馆藏不同类型的文献利用情况进行统计分析，可以将相关文献利用率指标作为确定该种文献是否订购的一个参考依据。再次，对馆藏文献资源进行分类、比较、研究和总结。通过对馆藏的全面分析，了解馆藏图书、期刊的特色，本校各个学科、专业是否都有一定数量的图书、期刊作为文献保障，重点学科是否得到倾斜，馆藏图书、期刊是否存在严重的学科分布不均衡现象等。

4. 本地区其他图书馆文献资源状况调研

由于经费的限制，任何一个高校图书馆的馆藏资源都不可能实现“大而全”“小而全”，必须通过其他方式进行馆藏补充。目前，较好的补充方式就是资源共享，特别是与本地区其他图书馆的资源共享。对本地区其他图书馆的馆藏资源结构、特色、规模、收藏重点等情况进行全面的了解，将有利于采访人员有针对性地收集、收藏，避免重复浪费。

5. 出版信息调研

中文报刊最主要的征订目录是每年秋季邮局印发的下一年度《报刊简明目录》，各联合征订发行商和自办发行的期刊也会向高校图书馆邮寄征订目录、订单或样刊，高校图书馆在订购时一般参考《中文核心期刊要目总览》《中国报刊大全》《中国期刊年鉴》《中国期刊名录》《中文期刊大词典》等工具书及《中文社会科学引文索引（CSSCD》《中国科学引文数据库（CSCD）》等期刊数据库，并以此作为选择依据。目前很多高校图书馆中文期刊还有中图公司、教图公司、世界图书出版公司等代理商的《外国报刊目录》（每年出一册）和引进版权报刊目录等，这些目录图书馆一般在每年夏天可收到。近年来，中图公司、教图公司、刊林、华教快捷等期刊发行商都建立了网站，通过网络就能了解期刊征订信息。如笔者所在的院校图书馆主要以《国外科学技术核心期刊总览》为参考依据。随着网络的发展，很多发行商为提高到货率，开始自己想办法尽早获得各出版社的准确信息，并制作成更为个性化的新书机读目录，及时提供给图书馆以供批量查重和采选，也有越来越多的出版社通过自己的网站发布新书信息，并通过更加快捷的电子邮件、QQ、等方式发布新书信息并对书商或图书馆提供机读目录的下载，图书馆采访部门所能获得的出版信息也是越来越准确和迅速。近年来，随着网络发展，很多高校图书馆通过中图公司、教图公司、中国国际图书贸易总公司等公司网站获取外文原版图书出版发行信息并下载其数据。由于外文图书价格昂贵，高校图书馆一般以校内用户推荐为主要选择依据。为了更好地服务于用户，中国图书进出口公司开发的“海外图书采选系统”（PSOP），不仅为图书馆采访人员提供更加及时的出版信息，而且改变了传统手工操作的图书馆外文图书采选的工作模式，利用现代信息与网络技术，建立符合本馆发展的个性化工作平台。

声像资源、电子资源、网络资源由于其特殊性，其出版发行信息主要来源于新闻媒体、出版发行商的推广宣传等，而且在选择时一般考虑其价值和影响，如很多高校图书馆选择《百家讲坛》《世纪大讲堂》等系列光盘。很多高校图书馆还根据学校的办学特点和定位采用集团采购的方式选购适合本校的重要数据库。

要全面掌握出版信息，应健全图书、期刊供应信息的流通机制，为此一是要与图书、期刊出版发行部门或经营商建立新型的信息共享关系，确保信息的完整性、准确性、可靠性和信息传递的顺畅性与时效性；二是要运用信息技术和各种媒体，从书刊、网页、广播电视等各种媒体采集与传递图书、期刊供应信息，从而广泛地了解图书、期刊出版发行动态；三是要加强与其他高校图书馆之间的信息交流与协作，共享信息资源；四是要健全图书、期刊需求信息的流通机制，加强采购人员与读者的信息交流渠道，使图书、期刊需求信息能及时得以传递和掌握，有时读者也会推荐一些采访人员未了解的新信息。

（二）采访原则

高校图书馆文献采访的基本任务是为教学、科研服务，满足用户文献资料的需求，因此高校图书馆必须结合学校和本馆的发展规划，根据本校学科建设和科研活动，按照本馆文献资源建设原则制定科学的采访原则。科学的采访原则是做好采访工作的基础，在新形势下，高校图书馆采访工作应该遵循以下几方面原则：

1. 实用性原则

采购文献主要还是为了使用。要将文献的实用性拉到最大，就要尽可能地采购符合本校学科建设、科研方向的文献，满足学生的阅读需求，又能为教师提供相关的教学资料，促进学生学习能力的上升和教师教学水平的提高，以适应本校多学科、多层次的办学要求。根据学校专业设置，分清采购重点，对于值得投资的专业课程重点扶持，积极购入相关资料。对于老旧的、过时的资料要有计划地抛弃、放弃，避免造成资金和空间的浪费。原版外文图书的采购可实行“一对一”的采购原则，即为人订书和为书找人，有重点地选择一些有关专业的科研项目及重点专业由它们选书，书到馆后及时地“为书找人”，这样的做法使得原版外文图书真正能最大限度地发挥了使用效益。[①]

2. 系统性与完整性原则

系统性要求采购的书刊资料要相互联系、有比例、成体系。完整性要求采购的书刊资料不缺不漏。坚持长期性、及时性，避免乱采乱购、毫无计划、随意中断。

3. 时效性原则

图书和期刊都具有时效性，这就要求采访人员必须通过各种渠道采购最新的书刊文献，时刻把握保证学术价值和适合专业读者需求的标准。为此，一方面，对时效性强的书刊文献，如年鉴、英语四、六级考试方面的资料尽快采购最新版本并随时剔旧，尽量用电子文献去代替，以便节省尽可能多的经费；另一方面，对一些学术价值高、时效性差的文献应努力收集齐全。

4. 高质量原则

随着文献出版发行量的剧增，不同的文献其内容价值、印刷质量和服务是参差不齐的。在采访时，一方面要注重出版单位、著作人、主编人等信息，另一方面要选择好的书商，注重它的规模、信誉度、到书率、到书时间、服务质量和组织图书的能力等。目前，各高校图书馆合作书商都是通过招投标方式确定，图书选择以知名出版社和特色出版社为重点，著作人、主编人一般以相关学科的专家学者为选择重点。

5. 满足需求原则

满足读者需求是高校图书馆采访工作的根本所在，高校图书馆在购买文献时，要尽可能针对不同的读者群体去购买不同的图书文献、期刊、电子资源等，不能千篇一律“一刀切”。

（三）采购方式

随着科技、网络、信息的发展，我国的出版发行事业有了迅速发展，图书发行经营方式由原来的国有转为国有、集体、个体三者并存，高校图书馆采购书刊从原来较传统的单一预订、邮购发展为订购、函购及网上订购、图书现采等多渠道的采购方式，建立了畅通的、快捷的需求与保障渠道。目前，各高校图书馆的采购方式主要有预订、现采、网购、函购、受赠、集团购买、交换、呈缴等几种。

1. 预订

高校图书馆采购图书的最主要方式之一便是预订。预订是各出版社、书商等会给高校发出一些图书征订目录，高校根据目录筛选自己图书馆所需要的图书资料，进行计划的补充。这种途径十分便捷，能够大规模地购入自己需要的图书，但是同时由于实物与图片存在一定的差距，这种预订方式又难以保证图书的质量，所需要的订购周

① 皇甫军，包海艳，杨静．高校图书馆学科资源建设理论与实践 [M]. 北京：文化发展出版社，2019.

期也比较漫长，很多图书到馆的时间比较滞后。

2. 现采

现场采购是高校图书馆近年来图书采访的主要方式之一，即高校图书馆根据馆藏需求，选择资质、信誉好的图书经营商，由图书经营商组织采购人员到全国性书市，包括大卖场的书店、出版社样本间、图书经营商的仓库等地方，通过笔记本电脑或者现场采集器来进行现场采购。这种方法直观性和及时性较强，采购人员在现场就能直接鉴别图书质量的好坏，由此来决定自己是否购入，可以弥补预订方式的不足。① 尤其是国内各大出版社逐步重视馆配这一业务，对于样本间的建设也越来越完善，图书馆采访员到出版社样本间采集样书信息收获通常都很大。目前许多高校图书馆正在逐步加大图书现采的力度，但也应该看到，由于现采的形式对提供现货的依赖过大，且差旅费支出较大，高校图书馆需要有选择地参加有特色或对口的现采活动，并将现采与预订有机结合，互为补充。

3. 网购

随着网络的发展，网购图书也逐渐成了各高校图书馆补充藏书的主要途径之一。图书采访人员通过网络这种便捷工具在网上书店进行选书、数据传送、订单传递和付款，过程十分简单便捷，大大提高了采购的效率。有时针对需要急用的文献资源，在京东、当当等线上购买之后，很多时候第二天就能送达，十分迅速。除此之外，若要购买外文原版图书资源，可以在亚马逊网上购买，外文原版图书在亚马逊网上购买通常比在国内进出口公司订购价格上更加优惠、到货速度更快。

4. 函购

函购是用信函的方式购买书刊，对补充采访有着较好的辅助作用。对一些作者自费出书或非文献出版社所编印的内部资料如会议文集等，可采取函购方式，但不宜大量采用。

5. 受赠

对国内外友好单位或个人免费赠阅的图书有选择地收藏。外文原版图书的高昂价格，使众多高校图书馆望而却步，外文图书的馆藏由此成为各高校图书馆的一块心病。一方面是经费紧张，外文图书收藏困难；另一方面是本馆外文读者的求书若渴；为缓解这一压力，让本馆外文读者有书读、有书借，各高校图书馆积极寻找对策，广辟来源。目前，国内高校图书馆主要通过设立在上海外国语大学、上海同济大学、中国海洋大学、大连理工大学的“美国亚洲基金会”“美国亚洲之桥基金会”等原版图书赠送点获取外文图书，也有许多高校图书馆直接接受国外的校友或友人的捐赠。

① 袁园 . 高校图书采购招投标模式的探讨 [J]. 农业图书情报学学刊，2011（2）：87-90.

6. 集团购买

集团购买是目前采购电子资源、网络资源特别是外文数据库最重要的方式之一。高校图书馆以参团的方式加入某一个组织，如中国高等教育文献资源保障中心（简称 CALIS 中心）、各省高校图书馆工作委员会等，再由这个组织以集团的方式与经销商谈判，以相对较低的价格购买使用权。通过集团购买，高校图书馆可以节约经费，以较低的价格享受较高价值的资源。[①]CALIS 文理中心以及 CA—LIS 区域中心经常组织全国的高校图书馆购买大型外文数据库，各省市（数字）图书馆工作委员会也经常组织本省市高校图书馆购买中文数据库，个别地区高校也进行地区自由组团购买。

7. 交换

图书的交换主要是在两个单位之间进行，如图书馆馆际交换、图书馆和出版单位交换图书，通过图书交换可以获取内部资料和一些珍贵的书刊、文献资源，可以促进相互交流学习。目前，期刊特别是高校学报是各高校图书馆利用交换方式获得的主要资源。

8. 呈缴

呈缴是国家为保证出版物收藏的完整性，妥善保存文化科学遗产，从而有这样一个规定：相关出版单位每次出版新的图书或者出版物时，必须将一定数量的样本免费送给指定的图书馆。这个规定通常以法律或法规的形式存在，要求各出版单位自觉遵守。高校图书馆一般要求本校出版社所出出版物，本校教职工所出专著、教材，本校研究生、博士生学位论文应向本校图书馆缴送一定数量样本。随着电子技术和网络的发展，许多高校图书馆也要求出版者缴送电子文档。

三、高校图书馆文献信息资源的复选与剔除

任何一个图书馆在建设设计时，都有一个藏书的限度，这个限度如果是在考虑了近期和长期需要的情况下确定的，就是一个图书馆必要藏书的合理限度；如果是设计不合理造成的书库过度饱和，就应该考虑扩建，以适应本馆藏书建设的需要。对于图书馆的空间容量和书库条件而言，上述情况不论属于哪一种，都会因藏书的发展或迟或早地出现书库饱和的问题，因此，要合理使用书库，对图书馆内部工作有一个系统的管理，这样才能促进图书馆文献建设工程健康发展。[②]高校图书馆的文献信息资源是需要不断推陈出新的，藏书资源不是一成不变的，而是随时间发展而变化的，因此图书馆需要对藏书进行复选，并要对过时的资源及时抛弃剔除。随着社会的发展和新知识的产生，必然导致藏书中出现一些观点有问题、内容陈旧过时、失去现实意义和

① 中国社会科学情报学会 . 图书馆、情报与文献学研究的新视野 [M]. 北京：中国书籍出版社，2018.
② 同上。

参考价值的书刊。当图书馆的读者对象，或具体任务发生变化时，藏书中也会出现一些不再符合读者需求的书刊。在采购工作中，由于选书人员不了解本馆读者的实际需要，或者是只凭订单选书，也会造成藏书的不适用或复本太多。上述种种因素都要求图书馆不断进行藏书的复选，将那些不需要的文献剔除出去。

（一）复选的定义

复选，即重复挑选，是要对图书馆的文献资源进行二次甚至多次筛选。图书馆的空间是有限的，过多的、杂乱无章的文献信息资源会给读者的使用过程带来障碍和困扰，因此，要控制文献资源的数量，做到高效利用图书馆空间，就需要对文献进行复选。复选可以将初选时不合格的、不适应的文献排除开来，再将剩下的文献列入馆藏内。除此之外，图书馆还要对已在馆藏体系内的图书文献资源进行复选，将过时的、不符合读者需求的文献信息资源进行剔除。

文献的复选是一个复杂的过程，但是也是不可或缺的一个环节。对文献进行复选能够推动文献信息建设进程，提高图书馆馆藏质量，从而推动馆藏体系的完善发展。

（二）复选的目的和意义

文献老化是馆藏文献复选的重要依据。图书馆的文献是长期积累起来的，而文献是会随着时间的推移逐渐老化的。在知识、技术、工艺都在不断快速革新的今天，文献更新换代的速度也很快。过时的、理论被推翻的文献数不胜数，这些文献滞留在图书馆里只是浪费空间，和其他有用的文献混在一起还降低了图书馆的藏书质量，也不利于读者查询和阅读。藏书复选是遵循藏书增长这一现象，又根据文献老化这一规律而进行的，图书馆馆藏信息资源也不能盲目地增多或者被剔除，文献的进和出需要保持一定的平衡，达到一种稳定发展的状态。要达到这个状态，就要在保证有新图书入馆的同时剔除一些失去参考价值的资源，这样能够确保图书馆的文献信息资源能够跟随时代的发展，随时有参考意义，不易过时，从而推动文献信息资源的建设。图书馆开展藏书复选工作具有以下几方面的意义。

1. 保持文献信息资源的新颖性

对高校图书馆文献信息资源的复选过程也是一个推陈出新的过程，图书馆不断得到一些实用性强的、具有时效性的高质量文献信息资源，同时还不断剔除一些陈旧的资源，这个过程有利于藏书长久地保持活力。

2. 消除涨库现象

随着馆藏的不断扩大，当藏书发展超过图书馆的库藏容量时，如不及时进行剔除，必然会产生涨库现象。如果只注重藏书数量的增长，却忽视了藏书的剔旧工作，书库藏书长期只进不出，图书馆面积不能扩大或不能及时扩大，就会导致书库达到一种饱和的状态，出现书架超载，藏书结捆堆放，新书无法及时入藏上架的涨库现象。

3. 优化馆内信息资源结构，提高文献利用率

高校图书馆主要是为了满足学生学习、教师教学、专家科研的需求，而师生们和专家们在自己的教学和科研过程中，需要不断地应对课程内容、科研结果的变化，而在这一变化过程中他们不再需要旧时的参考资料，因为已经失去了意义；他们需要新的、具有现实使用价值的文献信息资源。对于馆藏资源的复选能够不断优化信息资源的结构，使其能适应并且服务于学科建设、教学、科研的发展需要，能提高文献的利用率，优化、活化馆藏，使馆藏结构更趋合理、系统和完善，从而提高馆藏质量；同时由于复选是围绕图书馆的方针任务和读者要求进行的，因而经复选后留下的馆藏质量较高，能够形成馆藏特色，缩小馆藏规模，节约了空间，也提高了馆藏利用率。

4. 减少浪费

收藏一册图书或电子信息资源都是需要消耗一些人力、物力、财力的，及时剔除旧书能够积少成多，减少对于空间和时间的浪费。

5. 调节控制图书馆业务工作流程，使馆藏布局和馆藏结构更趋合理、系统与完善

通过藏书的复选与剔除，还可以有的放矢地改进图书馆工作。比如，分析藏书的呆滞究竟是属于选购了不需要的文献，还是分类不恰当、著录不准确或典藏失误等，并及时进行纠正。

（三）复选的原则

藏书复选工作，是图书馆科学管理的重要组成部分，也是一项复杂而细致的工作，应统一思想认识，根据本单位文献的收藏、积累和利用等情况，结合本单位的实际，制订计划。藏书复选是一项理论性、实践性、操作性、经验性很强的工作，务必遵循由近及远、由复本到品种、由一般到重点、由点及面的原则，从整体藏书的针对性、完整性、系统性、先进性和未来发展等方面综合考虑，确定复选原则。高校图书馆的藏书复选工作，应当遵循以下原则：

1. 从本校实际出发的原则

藏书复选必须从本校的实际情况出发，结合本校教学及科研计划、发展规划等，在充分了解读者需求的情况下对现有的馆藏进行积极评估。藏书复选必须首先考虑本校的层次、特色和经济情况，因校制宜，量力而行。

2. 制订全面的复选计划和切实可行的复选方案

在进行藏书复选工作之前，需要有明确的规划，要有目的地执行。应先建立起单独负责复选工作的机构，精心挑选和培养复选人才，进行科学、合理的管理，综合考虑图书馆和学校的特性制定出符合的复选方案，并且积极听取专家的意见和建议，定期对复选的方案进行反思和修改。同时又要提高文献信息资源复选工作的科学性，不断研究新的复选方法，提高复选效率。除此之外，图书馆还应意识到文献信息资源的复选工作是一个长期的过程，要有计划地开展，并且持之以恒，和图书馆的发展政策保持一致性，不能半途而废。

3. 应对被剔除文献进行妥善处理

被剔除的文献也需要得到科学的管理，不能随便弃之不顾。要专门制定针对老旧文献信息资源的方案，根据文献的不同老旧程度作出不同的判断，来考虑是移入储备书库还是提供给外部机构，对于实在没有利用价值的、特别过时的文献可以出售或者作废品处理。在对被剔除的文献作出相应处理的同时应该遵守法律的规定，在法律限制的范围内作出操作。

4. 保守性原则

复选和剔除不是盲目的、随意的，不是随随便便就能剔除不要的文献信息资源。对于一些特藏的善本书，还有馆际合作交换的一些文献，在原则上是不予以剔除的。同时，也应该保留那些有潜在使用前景的、重点学科的文献以及有长期保存价值的珍品。

（四）复选的标准

馆藏复选标准，是进行馆藏调配、剔除和复本增配的准则。不同高校之间，由于办学历史、办学水平、办学特色的不同，其图书馆的服务对象、馆藏状况和馆藏特色存在较大差异，对馆藏使用价值的衡量和理解也不相同，因而也很难找到一个统一的、合理的复选标准。图书馆开展馆藏复选工作时，应视不同类型文献和具体目的，采用不同的标准。[①]

1. 一般标准

（1）以藏书内容为标准

对内容重复、错误、过时或撰写拙劣而不宜公开流通的书刊应进行剔除。不宜久藏的图书有以下几种：

①一般知识性、消遣性的图书；

②习题类图书，一般是大学四六级考试相关图书和考研方面的资料，太过于古早、老旧的版本可以及时淘汰更新；

③时效性较强的应用科学类图书。这类书一般更新换代比较快，一旦内容过时就没有利用和保存价值，只能堆在书架上，如计算机类图书。

④入藏时没有及时发现的复本。

① 胡红 . 高校图书馆馆藏复选与提存原则和方法 [J]. 河西学院学报，2022（3）：124–128.

（2）以藏书外形为标准

从藏书的外表也能看出该书是否需要剔除。有些需要剔除的书外皮破损严重，且无法修复；还有的图书缺页、污损，印刷不清晰或者破旧，文献的内容已经看不清了，不再具备收藏和利用价值，这种文献都应剔除。但是，在剔除时需注意该书是否为善本书或需先增补新书。

（3）以文献出版的时间为标准

对出版时间过长、内容陈旧过时或连续出版物的早期卷作进行剔除。国家图书情报机构有所规定，对于一些出版时间超过一定年限的文献，应该甄别是否需要剔除。按理来说，距离出版时间越久，该图书的使用价值便越低，当然也不排除极其珍贵的藏本。特别是科技方面的文献信息资源，因为科技革新速度非常快，相关的理论也许第二年就被推翻、证实错误等，所以应该注意文献信息资源的出版时间。不同学科、专业、领域的图书和其有效使用年龄也不一样，如参考书、辞典能够长期保持；哲学、心理学、基础理论、社会科学等方面的名著时效性较长；教科书、科学书等革新速度比较快。同时，图集、乐谱等价格昂贵的图书应尽量保留。

（4）以藏书利用情况为标准

藏书主要是为了供读者阅读和使用。对于长期无人问津、实用性低的图书也应及时剔除，还有复本过多导致流通率低下的文献信息资源也要剔除。复选人员可以充分了解和掌握文献的使用情况，并以此来推测其未来是否受用。如果有文献信息资源长期无人使用、无人在意，那便可以及时剔除。要了解图书馆文献信息资源的使用情况，复选人员可以利用计算机系统来查询所需要的信息。可采取以下方法：

①查询图书借阅频率。复选人员可以通过图书馆管理信息系统来查看和分析读者阅读的倾向性和选择性，可以将一些长时间借阅率低下的图书记录下来，再根据具体情况合理剔除。

②查询图书出版时间。利用图书馆的管理信息系统方便快捷地查询各图书的出版时间，按照时间顺序排列，充分观察和分析，找出确实不再具备价值的图书，同时要看该类别的图书有无新版本，以便及时补充，不能出现空缺。

2. 各类型文献复选标准

（1）图书

图书在文献信息资源中占比重较大，因此是馆藏复选的主要对象。图书馆的图书复选工作主要是要清理掉图书的多余复本，又要补充复本不足的图书，同时将滞留的过时图书剔除。图书数目庞大，因此图书的复选工作十分复杂，工作量巨大。要提高复选的效率，就要制定一定的图书复选标准，并按此标准有计划、有目的地进行图书复选工作，同时深度结合馆藏图书的使用状况，进行复选。图书复选的标准主要包括：

①合理利用馆藏的实际空间，根据不同图书的出版时间和借阅频率来确定相应的复选指标，及时整理、调整布局。

②拒借率或预约率较高的专业图书，及时反馈给文献采访部门以增加图书复本或购买相关电子图书。

③质量低下的赠阅本、多余的复本应予以剔除。

④内容有错误、不宜公开流通的图书应予以剔除或另外保存。

⑤残缺破损且无法修复、大量污浊挡住内容的图书应予以剔除。

⑥借阅率低、实用性差的图书应予以剔除。

（2）期刊

①对于内容陈旧过时、不符合读者需求或内容有错误的期刊可予以剔除。如一些休闲类期刊、时效性强的计算机类和信息、报道类期刊，可重点进行复选剔除。馆内收藏的交换、赠送期刊如无收藏价值，也可考虑剔除。

②期刊缺失严重、连续性差，收藏价值不高的，可予以剔除。现代图书馆多采用全开放模式，期刊的安全管理受到挑战，有些期刊缺失比较严重，而补订工作效果不好，导致期刊连续性差，已无收藏价值，可予以剔除。

③利用率极低的期刊，可考虑予以剔除。

④目前各高校图书馆的期刊基本都是印刷型和电子版本并存，这是比较合理的，因为印刷型期刊也有一定的读者群，所以纸本期刊有存在的价值，但对使用频率不高的印刷型期刊，可剔除多余复本，保留品种。

（3）电子文献和特种文献资料

①内容陈旧、不符合馆藏范围和读者需求的，可予以剔除，这种情况和图书期刊的剔除类似。

②因产品更新换代、品质变坏、质量差或记录内容部分或全部被抹去或破坏，导致阅读设备无法读取的可以剔除，如缩微胶片文献可处理为电子文献进行换代。

③次要的、与其他数据库重复率较高的、使用频率低的数据库可以剔除。另外，占据许多储存空间但是意义不大的、能够有替代品的文献库也可以剔除。

④复选特种文献资料时要分析其文献内容和时效长短，作出综合评定之后再选择是保留还是剔除。

（五）复选的方法

要对馆藏文献信息资源开展高效率的复选工作，需要依据一定的复选标准，运用各种方法来找出馆藏中读者需要的、不需要的文献信息资源，从而进行相应的调整。复选方法主要有：

1. 经验判断法

这是图书馆文献信息资源复选最常用也是最高效的方法。在复选工作开展之前，图书馆一般都会根据本馆特色、建设目标来制定一系列的复选标准和规则，便于复选人员科学合理地按照一定的程序来进行复选工作，有利于提高工作效率。复选人员凭借自己的专业知识，通过观察分析文献的外观、借阅频率以及参考价值，来进行主观判断，直接在书架上审查相关文献信息资源。但是由于文献信息资源内容涵盖面广、跨度大、质量参差不齐，工作人员需要有较高的辨别能力，尽量避免疏漏。由于剔除人员把握尺度不同，结果往往会不一样，单凭工作人员的经验和印象对文献资源进行主观判断复选剔除是不准确的，因此对经验判断法选出的有疑问的文献，还需参考其借阅记录，查询读者对其需求情况，必要时还要征求读者的意见。

2. 滞架时间判断法

滞架的意思是一本书在流通中未被使用从而滞留在书架上。根据一本书的滞架时长来判断一本书是否需要被剔除也是一种很高效的方法，因为文献信息资源的存在价值就是被人们使用。若是一本书长期从未被人借阅使用，可以基本判定它不具备收藏价值，可以剔除。在进行滞架时间判断的过程中，复选人员需要对各种图书的利用情况有一个全面的了解，可以通过计算机来实现。

3. 书龄法

书龄法是根据文献的出版时间来判断其利用价值的方法。在复选工作开始前，图书馆应先有一个具体的规定来确定复选人员采取什么时间的判断法，如上架日期、出版日期、印刷日期等，都是不一样的。确定好一个标准之后，在规定的年限范围内观察和掌握文献信息的流通次数，分析其是否被人们借阅使用，从而定位其参考价值。值得注意的是，并不是所有年代久远的书都应该被剔除，有许多出版年代相同的图书使用率也不尽相同，因此，在拿不定主意时还有必要请相关专家对其价值进行核实，确定是不存在利用价值的文献便可以剔除，避免将有收藏价值的旧书给剔除了。

4. 半衰期测定法

不同学科的文献信息资源都有不同的流通和实效期限。文献半衰期是指某学科（专业）现时尚在利用的全部文献中较新的一半是在多长一段时间内发表的。从这个半衰期可以大致推断出在该门学科能够持续的时效性是多久。如果一门学科的半衰期是五年，这就意味着这门学科中还能使用的一半文献都是最近五年才出版的，再过五年这门学科就渐渐失去了时效性和实用性，利用价值就在不断地衰减直至消失。以此方法来推断文献是否有利用价值，可以来对不同学科的文献进行复选和剔除。

5. 目录比较法

目录比较法顾名思义就是将馆藏内相同专业、领域、学科的文献信息资源进行目录比较，再评估相关文献的研究和收藏完整程度，查询该学科相关研究的重复率，对馆藏内的文献进行审核和评估，来决定是否剔除。

6. 用户评议法

复选工作还可以让读者参与进来。如个别征询、访问、问卷调查和召开小型座谈会等，充分听取读者的意见和建议，及时了解不同读者的不同需求，询问相关复选问题，如哪些书值得保留，哪些书已经过时。这种方法也比较便捷，也能很好地满足用户的需求，有利于提高图书馆复选工作的效率。

7. 数学计算方法

利用数学方法如统计学的方法对载文量、引文量、书龄、复本量、滞架时间和使用频率等进行统计分析，并运用专门的公式或方法进行计算，根据计算结果做出复选决定。

8. 外形判断法

和经验判断法类似，即观察文献的外观，判断其状态。外观陈旧破烂、书页污损发黄、书脊开裂、缺页缺角、纸张脆弱、印刷不清晰、无法修补的文献都可以被剔除。

（六）藏书剔除的步骤和程序

1. 成立专门的文献复选小组，培养相关复选人才，充分认识到本馆的定位，致力于满足读者的需求，制定一定的复选剔除标准，将整个工作保持在计划下运作。

2. 积极调查研究本校情况、读者需求，结合实际情况制定方案。了解本馆藏书的流通情况、读者对各类文献信息资源的需求和利用情况，并且还要对我国科技发展水平等方面保持敏感和关注，以便及时意识到文献是否老化。

3. 数量统计。对某学科的图书、期刊以及各种类型的文献进行详尽的统计，包括该学科的下位类、各组成部分及相关学科文献，不同文种结构，不同的文献类型，外文书中文版、影印图书的比例，连续出版物的连续收藏时间等。

4. 复选小组要在统计文献数量的基础上评估本馆的文献收藏程度，积极调查馆内各学科的书目、核心期刊等，了解各数据库的覆盖情况和利用情况，对于一些有电子文献的图书可以适当减少复本数量。

5. 记录剔除的文献目录，并注明原因。根据已定的方案对馆藏文献信息资源进行审查和鉴别，拟定出要剔除的书目清单，内容要包括图书的文献名称、责任者、出版年、版本等，并且交由复选小组讨论是否最终剔除，广泛交流意见之后拟出最终版的剔除书单。

6. 下架要剔除的书目。按照拟好的剔除书单把需要剔除的书目及时下架，并办好藏书剔除的各种手续。在图书馆馆藏数据库里注销目录并办理出库手续。保留好剔除书单，便于管理和统计。

7. 合理处理剔除的书目。根据不同书目特点，制定不同的处理计划，如旧书回收、售卖、转寄、交换等。

（七）藏书剔除应注意的问题

1. 对于过时的文献信息资源进行剔除时，不能完全使其绝种，要或多或少地保留相关学科的内容，不能出现某个学科图书资料空缺的情况。高校图书馆藏书系统必须是完整的，且具备科学性。学科的发展也是连贯的、需要继承的，必须保留各个时期具有代表性的著作。同时又要入藏能够反映最新科技成果或者最新知识的、紧随时代发展的文献信息资源，及时抛弃过时内容。这样才能充分节约藏书空间，激发图书馆文献信息资源的活力。

2. 从高校图书馆的定位和性质出发，结合实际情况，依据学科重点，建立起有特色的图书馆藏书体系，也不是传统的大而全藏书思想，要有重点、有突出，并且不断提高藏书的质量，推动图书馆文献信息资源建设蓬勃发展。

3. 加强调查研究。调查研究可以有效地提高复选工作的效率。可以通过请科研教授、专家到本校图书馆来浏览相关学科的文献信息资源的方式来提高效率，从而能够对相应的受众进行调查研究，清楚其需求；调查图书馆的流通、登记人员，直观了解到图书馆各文献信息资源的流通和借阅情况。除此之外复选人员还要自觉关注各文献的利用情况。

4. 定期进行藏书的复选和剔除工作。一般剔除老旧图书的工作是隔三到五年进行一次，要将图书采编、流通和存储等环节与复选、剔除结合在一起，环环相扣，努力做到提高图书馆整体运作的工作效率。也可以组织小规模的复选和剔除工作。

5. 现在是信息迅猛发展的时代，高校之间信息共享也成了一种必然的趋势，这有利于提高资源的使用率，促进共同发展。因此高校图书馆在对文献信息资源进行复选和剔除的时候要考虑到能够进行共享的资源，避免将其剔除。同时，若是有潜在价值的、被剔除的藏书，可以系统地、有组织地将其储存起来，建立一个专门的资源共享库，便于日后对促进图书馆联盟的发展起到一定的推动作用。

第二节　高校图书馆文献信息资源的引进与采集

一、建立高校各级文献资源建设委员会

随着科学技术的发展，国内外出版队伍的壮大，数字图书馆在全球的蓬勃兴起，各种文献资源日渐丰富，高校图书馆文献资源采集正面临以下几方面的问题：

第一，我国社会主义市场经济正在飞速发展，而日益繁荣的图书市场对高校图书馆文献资源建设产生了许多负面影响，如图书的多途径、多渠道发行增加了采访人员选书的随意性，影响了文献资源的采购质量。

第二，如今信息数量急剧增长，各种学科相互碰撞交流，产生了许多新兴学科和交叉学科。在这种背景下，高校图书馆传统的单一型采访人员已经不能适应时代发展的需求，他们有的仅了解图书情报专业，有的仅了解文科专业或者理科专业的知识，知识结构十分单一。加上缺少培训学习，知识成分老化，无法应对日新月异的科技发展趋势，势必形成巨大的“剪刀差”，影响文献资源的采购质量。

受纸张价格上涨等因素的影响，文献资料近几年的价格普遍上涨。有的高校图书馆的文献购置经费往往捉襟见肘，无法满足本校教学、科研和广大读者的文献资源需要。

第四，随着出版业的发展，全世界每年出版发行的图书、期刊、电子资源品种多，数量大，高校图书馆少量的采访人员即便邀请部分教师参与选书工作，仍无法轻易判断取与舍，控制数量的多与少，难免选购一些可有可无、非师生读者所需的文献资料。

面对以上问题，要提高高校图书馆文献资源采购的效率，利用有限的资金最大限度地购入高质量的文献资源，以求更好地满足学校教学和科研工作的需要，为读者提供更好的阅读体验，就必须要在高校建立起文献资源建设委员会，专门来制定相关引进和采集工作的标准，从而规范文献资源建设的行为。

高校文献资源建设委员会包括馆级和校级，前者主要由图书馆人员组成，包括图书馆领导、读者服务部门、流通人员、专职采购人员等，在图书馆的范围内评议审定采购人员提供的价格较为昂贵的文献资源是否值得购买，经过民主商议和决策之后再作出最终决定；后者的组成人员除了图书馆的领导以外，还有学校各专家、学院负责人等。单件一万元以内的文献资源的采购权由图书馆馆级文献资源建设委员会自己评定，而单件超过五万元的文献资源就需要馆级文献资源建设委员会将商讨结果提供给

校级委员会，再由校级委员会商量讨论，最终评议审定。[①]

这两级文献资源建设委员会分工明确，职能互补，结果又是由众人商议得出，受众基础广泛，结果公正合理，不仅能够有效节约购置文献的经费，还能提高文献信息资源建设的科学性，很好地促进了学校教学和科研工作的发展，有利于加强学校特色专业的建设和发展。

二、建立完善的文献信息资源采购审批程序

高校图书馆文献信息资源的采购工作极其重要，这直接影响着图书馆资源质量的高低和藏书的科学性。要保证采购流程的科学性和合理性，保证资金得到最大程度的利用，因此需要高校图书馆制定一系列适合本馆个性化特色的文献信息资源采购审批程序，对文献信息资源的相关采购经费实行监督管理制度，从而使整个采购工作更加规范化、高效化。

（一）采购审批原则

1. 采购的文献要对学校图书馆的文献信息资源建设起到促进作用，要满足学校教学、科研工作的需要，要与本校发展目标方向一致。

2. 采购的文献要针对不同受众群体的需求作出合理规划，尽量做到兼顾各方面需求，并且选择质量高、科学性强、具有参考和收藏价值的文献信息资源，合理安排和使用经费，避免资金浪费。

3. 采购的文献要突出本校图书馆的藏书特色，重点学科专业建设的文献是采购重点，也要合理安排其他学科的文献采购，根据不同文献的特点以及不同读者的阅读和学习习惯来选择相应的文献。

4. 采购文献时要认真收集用户的意见和建议，实行责任审批制度。

（二）采购审批程序

1. 单件（套）价格低于 1 万元的文献信息资料，由高校图书馆相关负责人审批：

单件（套）价格 2000 元以内的一般由文献资源建设部主任审批；

单件（套）价格 2000 ~ 5000 元以内的一般由分管文献资源建设的副馆长审批；

单件（套）价格 5000 ~ 1 万元以内的一般由馆长审批。

2. 单件（套）价格 1 万元至 5 万元以内的文献资料，由高校图书馆文献资源建设委员会审定。

3. 单件（套）价格 5 万元及以上的文献资料，由高校图书馆文献资源建设委员会预审通过后提交学校文献资源建设委员会审定。

---

① 高莹．浅谈如何加强高校资料室文献资源的组织管理 [C]. 全国高校社科信息资料研究会第六次会员代表大会暨第 13 次学术研讨会论文集，2010.

4. 数据库、电子图书等大型电子资源，需先经过用户所在单位书面推荐，图书馆联系试用（试用期 1 ~ 3 个月），然后根据试用情况（点击率、下载量等评价指标）和学科专业建设实际需要，按上述程序审批。

5. 经审批确定购买的文献信息资源均应按学校有关大宗物资采购招投标管理办法采购。

三、文献资源采集工作规范

文献资源采集工作是高校图书馆文献信息资源建设的重要环节之一。它包括学校教学科研信息与馆藏文献信息的调研分析、图书馆文献资源建设中长期规划及其实施计划的制订，文献资源出版发行信息的收集、整序、发布及采购意见和建议的征集，文献信息资源的引进、购买、交换与捐赠文献的受理，入藏文献的验收、登记与复审等。完善的文献信息资源采集工作规范应包括以下几方面的内容：

第一，严格执行文献采购原则和标准，认真履行文献采购审批程序，遵守学校财经纪律，合理使用文献购置经费，避免漏订或重购，严禁滥购，确保图书馆藏书建设工作做到“有规划、有计划、有预算”。

第二，掌握学校学科专业建设、教育教学和科学研究现状与趋势，内容包括学科专业建设规划、学科专业设置、人才培养方案、学生规模、课程设置计划、主干课程教材使用计划及主讲教师、学科带头人、学术骨干等承担的课程及科研课题情况。采取有效形式与本校学科带头人、学术骨干、主讲教师保持经常性联系，及时了解他们对文献信息资源购置、补充的意见和建议，每学期要定期深人教学科研单位了解和掌握学科专业建设、科研课题、本科生和研究生规模、教学计划、教学参考书变动及对其文献信息的需求情况，并做好查访记录，建立信息档案。

第三，应充分熟悉本馆馆藏，了解各学科、各专业、各类型文献资源收藏情况，对各学科经典著作、重要学术论著、主要研究资料和教学参考书的收藏状况做到“家底清，情况明”。在图书馆读者部门范围内成立相关信息收集小组，积极收集读者关于藏书需求的建议，拓展文献信息资源利用情况反馈渠道。

第四，应了解国内外文献信息资源，出版发行机构的性质特点和资源特色，掌握与学校学科专业对口的出版单位的出版发行动态，完备收集国内外出版发行信息，并加以整理、分析、建档和建库；积极建立和完善图书推荐平台，让全校师生和专家教授都有渠道能够推荐值得购买的图书，并公开图书馆馆藏图书的书目等相关信息，在图书馆文献信息资源建设活动中，切实赋予不同师生读者以知情权、建议权、授予权、决策权、决定权。

第五，采集图书文献及普通光盘资料时，无论是预订、现购、函购，还是交换或接受赠送，均应进行查重，制作文献采购单，并做好采访数据，同一版本图书重购率应严格控制在3%以内。采访数据著录项目要完整准确，至少包括有题名、责任者、版次、出版者与出版时间、ISBN号、订数、定价或估价、来源等字段；图书预订或现购一般应到本馆图书采购中标单位进行，若因中标单位不能及时或无力保障教学科研所急需图书的供应，经主任领导同意，并向分管馆领导说明情况后，方可从其他渠道预订或购买。

第六，对报刊文献、光盘数据库和网络数据库而言，通常在每年10月份左右由文献资源采购部门提出下年度的订购计划和方案，按文献资源采购审批程序进行审批；因学校学科专业建设发展变化等原因需要临时调整或补充计划时，应经分管馆领导审核并签署意见、报馆长批准后，提交图书馆文献资源建设委员会或学校文献资源建设委员会审定。光盘数据库和网络数据库采购方案要求数据翔实，论据充分，对拟引进数据库的性质特点、收录范围、重点书刊文献、适用学科范围、试用情况、读者评价等事实数据应在方案中有全面准确的反映。

第七，购买文献到馆后，应及时交给验收人员验收，验收合格后方可办理付款或报销手续；因特殊原因需提前付款时，应报经馆长批准，并说明原因；发现有不合格产品，均应做好记录，查明原因，分清责任，并做出有效改进。

文献信息资源的采集应做好预订和入藏文献的分类统计，除准确统计各类型文献的种、册（件）、金额等数据外，对各学科、各专业文献的预订和入藏情况等应在统计表中也有直观的反映，且统计数据应按月及时上报。

第三节　促进高校图书馆文献信息资源开发的路径

一、加强采访队伍的建设

随着信息技术的不断发展，文献信息资源的数量也在急剧增加，传统的单一型学科文献资源又衍生出了新兴的交叉学科和复合型学科文献信息资源，以往的采购方式已经不再适用于如今的情况，出现了网购、现采等新的采访方式。采访新模式缩短了购书周期，提高了工作效率，但也暴露出一些高校图书馆采访队伍存在的问题，如采访力量不够，采访人员知识结构过于单一、综合素质不高、工作责任心不强等。解决以上问题最有效的办法就是高校图书馆及时调整采访人员结构，加强采访人员的教育培训，使采访人员及时更新知识、更新技能、提高自身素质，真正从单一型人才成长为具有高学历的集多种知识和技能于一身的复合型人才。

（一）调整采访人员结构

由于历史的原因，采访人员学历结构参差不齐，有博士、硕士、本科、专科、中专等各种学历；也有的图书馆大多数人员都是图书情报专业毕业，对本校学科专业的知识不了解，以致高校图书馆的采访队伍结构不合理，一些采访人员的素质低，知识水平不高，责任心不强，采访中多凭自身的经验来判断，让整个采访工作效率低下，无法保证文献采访质量。因此，高校图书馆应及时调整采访人员的学历结构和知识结构，有计划地通过引进、选拔、培养等方式让具备较高的思想素质、职业道德素质，有较强的事业心和责任心，有良好的语言沟通能力和社会活动能力，学历和专业水平较高的人员担任文献采访工作，以减少订书的随意性和盲目性，提高采访质量，更好地满足本校教学和科研的需要。

（二）加强采访人员思想素质教育

高校图书馆是社会建设精神文明和物质文明，进行爱国主义教育的中心，其所收集的文献资料不允许有不健康的作品，必须是优秀的健康的思想政治、文化艺术、科学技术的作品，这就要求高校图书馆通过学习、培训等方式加强对采访人员思想素质的教育，让他们树立正确的世界观、人生观，热爱图书馆事业，安心本职工作，努力钻研业务，热情为读者服务，把满足读者文献需求和学校教学、科研需要作为自己的目标追求，用购买的优秀作品去潜移默化地影响读者。

（三）加强采访人员素质的持续提高和读者培训工作

采访馆员素质的提高是一项长期的工作，采访人员素质一定要跟上学校建设和发展的需要。如今高校的办学规模逐渐扩大，办学水平和能力也在不断上升。为了更好地促进高校整体发展，作为重要组成部分之一的图书馆也需要提升自身的办馆水平，因此文献信息资源的建设工作必须做好。文献信息采访工作要求图书馆具备综合素质高、见世面广的采访人员。只有掌握外语和计算机技术，能够熟练运用计算机进行图书管理和信息分析的人员才能胜任采访工作。为此，高校图书馆可以在人员入职时筛选一些高质量、高学历、综合实力强硬的人才，也可以安排在职工作人员去积极参加培训来提升工作能力，也可以请专家教授来图书馆开展讲座等，丰富采访人员的知识，扩宽他们的视野，使其能更好地进行采访工作。同时，采访人员还需要明确本校图书馆的目标、性质、任务、服务对象，了解馆藏结构和读者的文献需求倾向，减少文献采访的随意性和盲目性。原因是图书馆的资源越来越丰富，如何用好图书馆资源，使学校投入文献经费效益实现最大化，做到物尽其用，需要馆员的引导，也需要加强读者培训。

（四）加强采访人员社会活动能力和组织协调能力的培养

高校图书馆采访工作头绪纷繁，涉及面广，经常需要与读者、出版发行单位或个人进行沟通和交流，协调处理各项采访事务，没有一定的社会活动能力和组织能力是不能胜任采访工作的。因此，高校图书馆在重视采访人员思想素质和业务能力培养与提高的同时，也要重视采访人员社会活动能力和组织协调能力的培养与提高，让他们能轻松自如地与同行、读者、书店等单位或个人交往，营造和谐的工作氛围。

除此之外，高校图书馆还须重视采访人员的健康状况，这是进行各项业务工作的前提。采访新模式要求采访人员经常出差到外地现采，没有健康的体魄和充沛的精力是无法完成采访任务的。

总之，新时期高校图书馆应及时地调整人员结构，加强采访人员的教育与培训，让采访人员在掌握图书情报知识的基础上有良好的语言沟通能力，了解和掌握更多学科的知识，具备较高的思想素质、职业道德素质，有较强的事业心和责任心，有强健的体魄。只有这样，高校图书馆才能采购高质量、满足学校教学科研和读者需求的文献资料，从而提高自身的服务水平。

二、合理使用文献购置经费，加强使用效益评估分析

文献经费的多少决定着高校图书馆馆藏发展的规模、馆藏结构、资源类型和满足读者需求的程度。随着数字资源的急剧增加，服务网络化程度的不断提高，文献需求多元化等趋势的呈现，高校图书馆文献信息资源的结构也出现了变化，而高校图书馆的文献购置经费是有限的，面对众多复杂的、多学科、多载体的文献信息资源，高校图书馆需要设立合理的、适应本校实际情况的文献购置制度，让文献购置流程在计划下执行，减少和避免经费的浪费，同时又要购入能适应读者需求的文献信息资源。每年高校的事业经费中都会列出图书馆的文献购置经费，高校图书馆应组织专门人员（一般由主管馆长、文献资源建设部主任、采访人员组成）制订年度文献购置经费使用计划，提交图书馆学术委员会审议通过后执行。

高校图书馆应该科学制定经费使用计划，做到有目的性和针对性。要主次分明、突出重点，应首先购置本校重点学科专业相关文献信息资源和紧缺的文献信息资源，又要保持各学科专业文献信息资源的均衡性。不但要购入纸质文献信息资源，还要注意是否有值得购入的电子资源，及时补充那些使用率高的资源，避免出现资源空缺的情况，切实加强文献购置经费使用的力度和广度。

高校图书馆还应通过一系列使用效益评估和分析来界定其文献购置经费是否合理，并作出及时的调整和修改。计算经费的投入和产出效益是否在接受范围内，主动了解和掌握资金的流动方向。大部分高校的评估方法还是调查读者的满意程度，也有

高校图书馆以文献采全率、采准率、流通率、专家评估法、电子资源使用量统计法等方法作为评估方法，但是由于采全率和采准率的实际操作性不强，简单的量化过程很难体现各项目标任务的价值及合理性，要做出精准的经费使用效益评估比较困难，为此，各高校图书馆正在积极探索寻求更好的评估办法。

三、建立合理的藏书布局

近几年，随着高校办学条件的改善，许多高校图书馆或修建或改建或扩建了新馆，办馆环境得到了明显的改善，服务模式也发生了较大的变化，从以前的书库和阅览室分离、闭架阅览、限时开放跨越到了藏、借、阅一体化、全年全天候全方位开放的服务模式，大大增强了服务功能，优化了资源配置，提高了数字信息技术含量。

藏书布局影响着文献信息资源的使用效率，合理的藏书布局能够让读者高效、便捷地查阅自己需要的文献信息资源。将文献信息资源存放在合理的位置，建立功能合理、分类明确的书库，便于文献资源的保存和使用，从而建立合理又科学的藏书布局，进一步健全图书馆的服务功能。

合理的馆藏布局，应以学校的教学科研需求为基础，按学科门类、利用程度划分。按学科门类，一般分为马克思列宁主义毛泽东思想、哲学、社会科学、自然科学和综合性图书等五大类书库区。按利用程度，可分为流通馆藏区（又称一线书库区）、历史馆藏区（又称三线书库区）和剔除馆藏区：其中流通馆藏区存放的是近几年出版、大多数读者需要、满足本校教学科研要求的文献资料，是高校图书馆馆藏文献的主体，一般根据"中国图书分类法"按学科分类排列；历史馆藏区存放的是出版时间比较长、少数读者需要、具有保存价值的专业文献资料，是高校图书馆馆藏文献的辅体，一般也是根据"中国图书分类法"按学科分类排列；剔除馆藏区存放的是已经老化或者接近老化、读者基本不利用的文献资料，该部分文献资料在适当的时候可以作剔除处理。在流通馆藏区，高校图书馆一般会设置参考书（又称保留本）阅览区、普通阅览区、特色资源阅览区、新书阅览区等，以方便读者查阅。[①]

合理的馆藏布局，还应考虑高校读者的习惯和图书馆的管理效益。目前，高校图书馆为方便读者借阅通常有两种布局方式：一是将所有同一学科专业的中外文图书、期刊都存放在同一地点，二是将中外文图书、中外文期刊分别存放。两种方式各有其优缺点：前者有利于读者迅速查找到自己的专业资料，但不利于图书馆的资料管理，如交叉学科相关资料的存放地问题、图书馆工作人员的劳动强度问题等；后者有利于读者对相同载体资料的查阅，但不利于读者全面查找自己所需要的专业资料。

通过合理的馆藏布局，高校图书馆可以使利用率高的文献不致被淹没，老化的文献及时得到处理，从而满足了读者的需要和本校教学科研的需求，适应时代的发展。

① 高莹. 浅谈如何加强高校资料室文献资源的组织管理 [J]. 图书情报工作，2011（1）：71–72.

第三章　高校图书馆文献信息资源的管理体系

高校图书馆为高校的师生们提供了丰富的教学和学习资源。科学、有效地管理高校图书馆文献信息资源有利于提高师生们对于信息资源的使用效率，进而促进教师教学水平和文化素质的提高、丰富学生的文化内涵。本章先探究了高校图书馆文献信息资源管理体系的发展及演变情况，再结合当前我国图书馆以及高校图书馆的现状及问题提出了一些优化路径和创新策略。

第一节　高校图书馆文献信息资源管理的发展及演变历程

一、管理理论的产生与发展

（一）古代的管理实践与思想

管理理论的起源可以追溯到原始社会时期，那时人们的生产能力和生活水平低下，同时又要面临自然灾害和猛兽的威胁，于是人们联合起来，依靠着集体的力量共同生存、劳动。在这一过程中，人们的生产活动中出现了分工与合作，为了能够更好地提高效率、完成工作，便需要有人对各项工作的分工协作进行安排，这就是最早的管理实践。进入奴隶社会后，国家出现了。国家的各种统治机构如政府、军队、法庭、监狱等相继设立，各项管理工作也相应开展，并随着人类历史的不断发展而发展，从集体小范围走向国家大范围，从生产劳动的管理走向政治、经济、军事的管理，管理功能不断加强，管理制度也应运而生。进入封建社会之后，封建国家的政权职能进一步得到加强和完善，带动了管理实践的进一步发展，各种管理思想也不断涌现，为现代管理理论的形成和发展提供了丰富的借鉴经验，奠定了坚实的实践基础。

（二）近现代管理理论的发展

20世纪后期，西方社会发生了很大变化，尤其是70年代西方石油危机之后，日本经济快速增长，而美国经济增长的势头减缓，迫使西方管理学界重新审视美、日两国在管理理念方面的差异，于是，诸如战略管理、全面质量管理、组织文化等理论大行其道。

1. 战略管理与竞争战略管理理论

战略思想应用于企业管理是从20世纪50年代开始，60年代以后进入高潮。战略管理主要研究的是组织整体发展规划的问题，侧重于回答组织在竞争环境中如何适应环境的变化，如何树立竞争优势的问题，为组织的发展指明道路。战略管理理论受到了管理学家的普遍重视，并涌现出一大批管理学者，如美国企业学家阿尔弗雷德·钱德勒（Alfred D. Chandler）于1962年出版了《战略与结构》一书，美国管理学教授安索夫（Igor H. Ansoff）于1965年出版了《公司战略》一书，接着又在1969年出版了《经营战略》一书。进入20世纪80年代，美国著名战略管理学家、哈佛大学商学院的迈克尔·波特（Micheal E.Porter）教授将战略管理理论的研究推向了一个新的高潮，他出版的两本著作《竞争战略》和《竞争优势》引起了极大的社会反响。90年代以来，战略管理理论又得到丰富，基于资源和能力的理论开始提出。

2. 企业再造工程

再造工程源于20世纪80年代以来在美国和其他工业发达国家兴起的一场轰轰烈烈的企业再造运动。20世纪八九十年代以来，企业面临的外部环境发生了很大变化，买方市场已经形成，顾客拥有更大的权利，再也不像商品短缺年代企业生产什么就接受什么；同时，行业内的竞争更加激烈，使用原来的方法、技术在现阶段已行不通了，企业面对变化必须能够及时采取策略，必须满足顾客提出的越来越苛刻、越来越个性化的要求，以往按职能划分部门、分层分级、管理体制严格的金字塔式组织结构严重影响了企业的应变能力，因此，迫切需要变革。面对这种情况，再造工程提上日程。再造工程即业务流程重组（其原文为Business Process Reengineering，简称BPR）指的是从根本上对业务流程的运作方式进行再思考，对企业所从事的最基本的管理工作及核心业务流程进行脱胎换骨的重新设计，以期在成本、品质、服务及速度等方面得到显著的增长。20世纪80年代，美国的企业开始了大规模的再造运动，随后，“企业再造”开始在日本风行。现在，这一运动使得西方发达国家的企业有了翻天覆地的变化。

3. 全面质量管理理论

第二次世界大战后，日本工商业受创严重，1948年，美国质量管理理论家W. 爱德华兹·戴明（W. Edwards Deming）应邀去日本推行其管理思想“戴明圈”，以促进产品质量的提高。20世纪80年代初，这一思想逐渐发展成为全面质量管理理论（Total Quality Management（TQM）），并在工商企业界与公共组织内掀起了一场革命。早期的管理理论认为要提高生产率、扩大市场，唯一途径是降低生产成本，而全面质量管理理论和早期的管理理论相反，强调质量至上，成本是次要的。全面质量管理将顾客的需求放在第一位，不仅注重产品的质量，还注重工作中所有环节的质量，保证每项工作、服务都能让顾客满意。

4. 知识管理

在20世纪80年代初期出现了知识管理的理论和实践，随后许多相关著作和论文开始出现，越来越多的知识管理项目也开始广泛地实施。随着科技的发展，社会发生翻天覆地的变化，管理者面对的组织环境日新月异。为了更好地满足用户的需求、掌握市场变动的规律，许多企业开始注意培养自身的相关应对能力。知识作为重要的生产力要素，已经成为提升企业能力的关键因素，被更加广泛地融入生产的过程中。以往那种土地、资本等为企业运营基础的局面已经不复存在，人才、信息、知识日益成为企业最重要的资源，因此知识管理理论得到了企业的普遍认同。知识管理理论强调组织提升自身的学习能力，还要提升员工解决问题的能力，培养员工参与问题的意识，从而建立一个学习型组织，更好地提升组织的核心竞争力。①

二、高校图书馆管理的历史发展

高校图书馆存放和保管着大量的文献、资料等，需要专门的管理人才来管理。高校图书馆的管理体系在不同的阶段有着不同的特征。

（一）古代的图书馆管理

1. 古代西方的高校图书馆管理

早期的高校图书馆建立者一般为王室，管理者多为学者，馆藏内容多为世俗性图书，古埃及有名的尼尼微（Nineveh）图书馆就是亚述巴尼拔 [Assurbanipal（或译为Ashurbanipal）] 国王建立的。

尼尼微图书馆收藏的图书内容丰富，涵盖范围也十分广，除了各种文学作品、数学、化学、植物学著作等，还包括各种宗教铭文、天文观测记录、历史文献、法律、书信、条约等，甚至还有王室的经济报表、建筑、沟渠以及房屋的报告等。后来埃及国王托勒密 [Ptolemaios 也可译为（Ptolemaeus）或（Ptolemy）] 一世建立了亚历山大（Alexaand）图书馆，亚历山大图书馆建立后，国王经常派人到各地高价购买图书，此外，他们还借来不少书籍抄成复本。亚历山大图书馆的藏书十分丰富，不仅收藏希腊的几乎全部的重要文献，还收有其他各国的学术作品。与亚历山大同时期的帕加马图书馆是国王阿塔罗斯一世 [Attalos1 也可译为（Attalusl）] 开始建造的，该馆很注意聘请有名学者任职，如有名的希腊语法学家克拉特斯（Krates 或 Crates）担任了馆长职位。帕加马的几代国王都热心于搜集和抄写书籍，把帕加马图书馆建成了仅次于亚历山大图书馆的大图书馆。

① 李澍，曹建英. 现代图书馆管理理论探析 [J]. 黑龙江档案，2007（1）：48-49.

早期的图书馆在整理、编目上已开始了探索。亚述王国图书馆所藏的泥版文书都按不同主题排列，在收藏室的广场旁和附近的墙壁上注有泥版文书的目录，对篇幅较大的泥版文书还作一些简单的叙述，有的还摘录书中的重要部分。

罗马公共图书馆的馆藏主要来源于对希腊战争的掠夺，建立者多为皇帝，管理者初期都是著名的学者，后来经过多次政府行政改革，罗马城里的全部公共图书馆都由行政长官管理，但馆内的业务工作还是由学者担任，一般馆员大部分是国家的奴隶或被解放的奴隶，因而，早期罗马图书馆馆员的社会地位是相当低贱的，这同兴旺时期的亚历山大图书馆和帕加马图书馆馆员的社会地位是无法相比的。但随着图书馆的增多，馆员的地位逐渐提高，分工趋于专业化，出现了馆长、馆员、副馆员、助理馆员之类的等级，这些馆员除了从事图书的采购、修补、摘录、排列等工作外，有的还从事抄写或翻译。女性馆员在这一时期也开始出现。

中世纪为欧洲封建社会产生、发展和衰落的时期。这一时期，图书馆的命运随着社会大背景的变动而跌宕起伏。基督教产生之后，出现了修道院图书馆。随着古罗马帝国的衰落，基督教影响着政治、思想、文化、教育等各个领域，古代大型图书馆无影无踪，修道院图书馆成为学术中心。修道院图书馆的平均藏书量在二三百册左右，收藏的基本都是基督教书籍，历史悠久的意大利博比奥（Bobbio）修道院图书馆才拥有大约 650 册的藏书。由于图书数量少，制作、保存不易，因此，图书的出借十分严格。在修道院内部借书，有的规定一年办一次集体借书，在特定的日子，所有的僧侣都要前来归还上一年借走的书，然后借当年要看的书。馆内因管理不善而遗失图书的，管理者不仅要赔偿与书价相等的金币，还另加罚款。几乎所有的修道院图书馆都附设抄写室，由于抄本的抄写费时费力，致使其价值昂贵，因而，修道院图书馆采取了严格的保护措施，图书多存放在书箱或书柜内，大多数加锁，陈列在书桌上或台上的书被装上铜架子或铜圈，再用铁链拴住，防范甚严。

修道院图书馆的目录比较落后，一般只有财产登记簿模样的东西。随着藏书的增加，有的图书馆开始粗分所藏图书，但分类标准极不统一。有的按宗教书和非宗教书分类，其顺序是:《圣经》、圣父的著作，有关传说，有关注释书等；有的按文种分类，如拉丁文和其他文种分别搁放；有的按照书的开本大小分类；有的按赠寄者的不同加以编排。修道院图书馆的目录编制虽然简单，但部分修道院图书馆在有限的范围内开辟了馆际互借，甚至编制了图书馆联合目录。

在阿拉伯世界，此时的伊斯兰教图书馆异军突起，达到相当高的水平，如设在科尔多瓦的皇家图书馆。该图书馆的藏书超过 40 万册，目录达 44 卷，其藏书也不仅仅专藏伊斯兰教的书籍，而是注意搜罗世界各国任何时期、任何学科的各种图书，并加以抄写和翻译，内容包括宗教、地理、历史、自然科学、哲学、各种辞典、文法等，还有教科书、簿记和会计用书以及有关各地货币兑换率等资料。工作人员通常是数百名，包括抄写员、装订书籍的装帧工和警卫，馆长不是学者就是作家或诗人，而当时显贵家族的子弟所羡慕的职业之一就是当一名管理图书的官员。伊斯兰教图书馆的分类比较明确，共分为古兰经、经济、历史、诗歌、教义学、法学、哲学、消遣文学、宗教、炼金术等，大类之下由各图书馆根据需要进行复分。此外，还制定了图书借阅规则，规定不得在书上加旁注，不得转借，不得将所借书用作个人私事的抵押品，按规定时间还书，还书时应附有阅读该书的感谢信等。一般说来，伊斯兰教图书馆借书是比较方便的，除书籍携出馆外需付押金外，读者在馆内阅览免费，有些图书馆还向读者提供抄写和翻译的方便。①

12 世纪开始，在欧洲出现了大学。宗教改革后，修道院及其图书馆每况愈下，大学图书馆呈现欣欣向荣之势。早期的大学图书馆，不供流通的书大部分都用锁链系在书桌上。图书馆的目录，有的按著者或标题的字母顺序排列，有的像是图书财产目录。借书规则也很不一致，大部分只能在馆内阅读，有时学生可借出一些书，但多半需要交纳保证金。在早期的大学图书馆里，没有出现专业的图书管理员，管理图书的人员一般是水平较低的人员或是学生。

文艺复兴推动了学术的发展；造纸术与印刷术的西传以及结合把图书馆事业推向新的阶段；活字印刷术的发明和推广，将图书的管理和生产永久地分隔开来。廉价的印刷书籍大量出版，使一般的平民阶层容易买到书，图书开始由社会上层进入中下层，同时，也使图书馆的藏书以空前的速度增加。馆藏的膨胀给图书管理带来了种种问题，粗糙的几个大类的分类不再适用，图书的著录要求科学化、标准化，各种不同类型的目录编制也提上了日程。1545 年，瑞士的格斯纳（Konrad Gesner）编成了《世界总书目：拉丁文、希腊文和希伯来文全部书籍的目录》，这一书目收录上述 3 种文字的 3000 名著者的书籍共约 12000 册，均按著者的字母顺序排列。1564—1794 年，《法兰克福图书市场目录》每隔半年出版一次。1605 年，英国博得利（Bodley）图书馆编印了英国的第一套印刷目录，收录了当时该馆的 2000 余册馆藏信息。1620 年又编印了第二套，其馆长詹姆斯（Thomas.James）还编了一份手写的主题目录，这是主题目录较早的样式。图书馆建筑也发生了很大的变化，“铁链加锁”的图书看不见了，读经台式的书架逐渐被墙壁式书架所取代，直至最后出现了书库。在时代的要求下，图书的管理工作逐渐职业化，产生了掌握图书管理知识的专业人员，同时也出现了初期的图书馆理论，为即将诞生的一门崭新学科——图书馆学奠定了基础。

① 杨子竟 . 阿拉伯的图书及图书馆 [J]. 图书馆杂志，1988（1）：52-55.

2. 古代中国的图书馆管理

中国人的图书管理实践出现得很早，虽说文献记载是周代，老子曾“守藏室之史”，但河南安阳小屯出土的大量殷商甲骨文就已证明，早在距今三千多年前的商代，我国就有了较大规模的文献收藏，并且是有序化的收藏，这大概可以算作中国最早的图书管理实践。历史上的各个朝代，包括发生过焚书坑儒的秦朝，也都有自己的政府藏书。不仅中央政府有，各级地方政府也都有，而且是越到后代越发达，数量越多，整理、加工得越完整。西周时期，政府设置多种职掌不同的史官，分别掌管中央政府的文书、档案。春秋战国时期，除周王朝之外，各诸侯国也大都有自己的文献收藏，并设有专门的机构管理。秦朝是御史大夫执掌政府图籍；西汉年间，政府多次举行大规模的图书征集活动，并设有多处专门的藏书之所；东汉年间，经过多次变化，最终确定了秘书监作为国家正式的图书管理机构。以后历代，大多相袭，只是在名称上略有变化，如秘书省之类或在此基础上增加新的藏书机构，如崇文院、翰林院等。除了中央和各级地方政府藏书之外，属于政府藏书的还有以后历朝历代的藩府藏书以及前期以太学，中、后期以国子监为代表的学校系统藏书。学校系统藏书又称书院藏书，宋代之后，随着科举制的普及与规范，各地书院大多有数量不等的藏书，形成一个庞大的藏书体系。

在官府藏书和书院藏书之外，更多的是私人藏书。我国的私人藏书传统源远流长，从春秋时期孔子晚年课徒之余整理六经的过程来看，孔子当有一定的参考藏书。春秋时期，私学发达，百家争鸣，办教育想必也应有相应的藏书储备。到了汉代，有关私人藏书已是史有明载。雕版印刷和活字印刷术发明之后，图书生产进入规模化，民间得书较易，私人藏书进入一个大发展时期，尤其是明清的江南地区，由于社会经济比较发达，文化传统浓厚，民间私人藏书大家不胜枚举，如宁波天一阁能够延续几百年而不辍。

至于寺院宫观藏书，则更有特色。寺院宫观藏书与普通官府、书院、私人藏书相比，多了一个供奉与顶礼膜拜的功能，因此，从中国自有寺院起，就有相应的经书收藏。寺院宫观藏书，除了收藏本宗教的经书之外，还有目的地收藏一些其他宗教经书和普通图书等外典，这也是寺院宫观藏书的另一特色。此外，寺院宫观藏书在记录、整理方面，也极具特色。

从有政府藏书起，有关图书的征集就受到重视，西汉时曾三次在全国范围内大规模征集图书，并派朝廷官员四处访书，还制定了一系列的奖励献书政策。到了隋代，有关政府藏书的聚散问题已引起相当重视，秘书监牛弘上《请开献书之路表》于皇帝，一方面阐述了图书事业的重要性，并列举了隋之前图书事业遭遇的“五厄”，另一方面建议在全国范围广开献书之门，得到了隋文帝重视。以后，明代胡应麟又有“十厄”

之说，延续了牛弘的观点。对于图书征集，除了朝廷派官员四处访书、搜书或利用战争进行抢掠之外，宋代郑樵又提出了“求书八法”，从理论上总结了公、私藏书中访求图书的八种途径与方法：“即类以求、旁类以求、因地以求、因家以求、求之公、求之私、因人以求、因代以求”，极有见地。在寺院宫观藏书中，北朝李廓《元魏众经目录》中单列“未译经论”一类，专门收录西域传入中土尚未翻译的原始佛典，以供各寺院抄录、供奉、翻译。①

藏书的目的是为了使用，要使用就须加以整理，孔子晚年整理六经可以说是这种行为之滥觞。汉代建立后，针对政府藏书，进行了数次大规模的整理活动，并取得了不同的成果，尤其是汉成帝时刘向、刘歆父子的校书活动，最终生成了中国历史上第一部综合性的群书目录——《别录》，以及第一部综合性的群书分类目录——《七略》。自此之后，各种类型的公、私藏书目录层出不穷，据不完全统计，整个中国封建时期，大约有数百部之多，内容涉及各个方面，其中最大规模的当属清代所编的《四库全书总目》200 卷，为一时之冠。

在古代的各类图书分类公、私目录中，大多是按照分类进行排列的。分类的概念，大约始自孔子整理《诗经》时有关“风、雅、颂”的区分，但这只是文体形式的区分，属于按外在特征区分的范畴，按内容特征进行区分大致来源于荀子的“同则同之，异则异之”的分类原则。宋代郑樵则更为强调分类的重要，即“类例分，则百家九流各有条理”“类例既分，学术自明”，并自编了一个十二大类、三级类目的分类目录——《通志·艺文略》。不过，中国古代图书分类的最高成就当属唐朝僧人智升，他在《开元释教录》中，创立了一个四大类的五级分类体系。

在中国古代图书的整理、加工过程中，著录方面也很有特色。对于图书外在特征的揭示，著录特别重视书名、卷帙、作者、时代等内容；对于内容特征的揭示，则有解题、注释等；根据解题的写作方式和取材角度，又分为叙录、传录和辑录三种；对于一类书的揭示，则有小序之类；始终贯彻着“辨章学术，考镜源流”的精神。

对于不同形态、不同内容的图书，多采用不同的处理方式。如南朝梁武帝天监年间，曾将宫中所藏善本书专门收藏于文德殿，并与其他图书合编成《梁天监四年文德正御四部及术数书目录》。其后，梁元帝在江陵校书，将所藏图书按质量分为正御、副御、杂重三类。到了隋炀帝大业年间，柳顾言从西京嘉则殿所藏三十七万卷藏书中挑选了三万七千卷善本书单独收藏于东都观文殿，并编有《隋大业正御书目》。这批图书据史书记载，又被抄成五十副本，分为上、中、下三品，由于当时的图书装帧形态是卷轴装，因此，上品用红色琉璃做轴，中品用黑红的琉璃做轴，下品用黑漆圆木做轴。这种追求、推崇善本的传统，到了明、清两代被推向极致。明代所售宋版书，是按页

① 沈兰燕．浅析中国寺院藏书和中世纪英国修道院藏书的异同 [J]. 图书情报工作，2013（1）：328-331.

论价，清代有藏书家，就自号“佞宋主人”，也有的家藏二百部宋版书，干脆将自己的藏书楼命名为“百宋楼”，以此自显。清乾隆年间，宫中昭仁殿专门收藏善本书，皇帝赐名“天禄琳琅”，并编有《天禄琳琅书目》正、续编，以示夸耀。自宋代尤袤《遂初堂书目》始，一直到清代，在相当的私藏目录中都注有版本。

这种重视图书版本的做法，在寺院宫观藏书中也有反映。南朝梁武帝年间，僧人僧佑将当时收藏佛经最盛的建康定林寺所藏佛经进行整理，挑选出译文较好、没有疑义的佛经，单独供奉，名为“经藏”。此后，隋代费长房在《历代三宝记》中，就单独设立了“入藏录”一类，以规范各寺院的佛经收藏。到了唐代，智升《开元释教录》中的“入藏录”最终成了“安史之乱”之后全国各寺院恢复经藏的依据，并成为日后雕版大藏经的版本来源。《开元释教录略出》首先采用“千字文”标号，十卷一字，成为后世佛教大藏经排架目录之始。此外，唐代僧人道宣整理西京西明寺藏经而编成的《大唐内典录》中的“历代众经举要转读录”，不仅注明译本优劣，同时也是后世读藏目录的发源。

在中国古代图书馆管理实践中，值得一提的还有有关图书开放的理论与实践，如：金代孔天监在其《藏书记》中提倡建立公共藏书楼；明末曹溶在《流通古书约》中提出，藏书须在藏书家之间流通、传抄；清代周永年在《儒藏条约三则》中明确提出，儒藏应对四方读书人开放。在这些理论的影响下，清代一些私人藏书家，其藏书有限度地对外开放，清代《四库全书》修成后，南三阁对江南士子开放。这一切，都反映出中国古代藏书楼向近代图书馆自发转变的萌芽。

（二）近代的图书馆管理

1. 近代西方的图书馆管理

17 世纪中期的英国资产阶级革命是世界近代史的开端。工业革命推动了印刷工艺的变革，市面上出现了许多机械印刷的图书。越来越多的人掌握了知识并且认识到知识的重要性，开始重视研究各种自然科学、科学技术。在这样的时代背景下，仅仅是收集图书已经不能满足人们的需要、不能适应时代的要求，在数目庞大的藏书中如何能够精准、快速地找到顾客想要的图书，成了图书馆管理工作者思考的问题。因此，对图书馆藏书科学管理、系统组织就显得尤为重要。

（1）图书馆事业由封闭走向开放

在过去的图书馆中，几乎都是皇室、贵族、上层、知识分子的身影，一般的平民是无缘利用图书馆的，图书馆仅为上层阶级服务。随着近代工业革命人口的迅速增长、集中，在新兴的工业城镇中出现了许多工场，而这些工场的用人需求则更高了，需要受过教育的、有技术的工匠，而不仅是只会出苦力的工人。在这样的情况下，公共图书馆逐步兴起。1850 年 2 月，英国议会下院通过《1850 年公共图书馆法》，允许人口达到 1 万及 1 万人以上的城镇建立公共图书馆，经费从地方税收中支出，建馆后免费对纳税人开放。从此以后，公共图书馆建设之风逐渐盛行，图书馆也不再是单纯地只为统治阶级服务，还敞开了服务平民百姓的大门。

（2）有计划、有组织的新书采购工作

中世纪的图书馆补充馆藏时缺乏计划性，搜求图书的途径仅是接受私人捐赠、王室四处搜集、战争掠夺这几种方式，而且搜集的图书一般是珍本、善本，在馆藏上追求数量而不是质量，缺乏整体的管理和组织。到了 17、18 世纪，各门学科日新月异，这样随心所欲式地搜集图书显然不能满足时代的要求和现实的需要，馆藏逐步变得有计划和有组织。德国的格廷根（Gottingen）大学图书馆馆长亲自负责整个采购工作，同时还和国内外的书商积极沟通联系，在选择书籍时及时了解教授们的需求，尊重他们的建议，以确保购书质量。

（3）减少了图书出借的限制

近代以前，由于图书得来不易、数量稀少，图书馆十分注重对其的保护和控制，因此对图书的出借有着严格的限制。读者需要提前将自己的需求告诉图书馆并且办理借书手续、给一定数量的押金之后才可以去图书馆借书。人们不能在图书馆里面阅览图书，申请借来的书也有严格的时间限制，到了时间必须归还。

到了近代，越来越多的人有读书的需求，图书馆的藏书数量也不断增多，为了更好地满足人们的读书需求，图书馆尽可能延长了开馆时间，减少了许多对图书出借的限制。如德国格廷根大学图书馆制定了一系列制度来方便读者，除了星期六以外，每天开馆 10 小时，人们可以一次借到 10 ~ 12 册书。

（4）图书馆建筑向近代化迈进

英国不列颠图书馆率先打破传统图书馆的建筑结构，用铁制骨架结构建筑，把阅览、收藏分开，圆顶阅览室建成后，可以摆放近 500 个读者座位，是当时世界上座位最多的阅览室。阅览室的中心是服务台，服务台的周围是目录柜，读者座位围绕着目录柜，阅览室的外围是书库，书库首次使用了铁制书架，并将两排书架背靠背地并排起来。这种双面书架的书库结构，直到目前，仍为很多图书馆所采用。①

（5）图书馆管理科学的建立

这个时期，出现了一批具有丰富实践经验的图书馆管理者，他们的经验和思想，为今天图书馆管理科学的建立奠定了基础。法国的诺代（Gabriel Naude）是近代图书馆组织理论的最早创始人之一，1627 年写成了《关于创建图书馆的建议》一书，这是一本图书馆学理论著作，也是近代第一本论述图书馆管理的著作。在其著作中，诺代

① 杨威理 . 大学图书馆的兴起——外国图书馆事业史之十一 [J]. 图书馆学研究，1982（3）：110-113.

集中阐述了以下观点：图书馆的收藏不仅限于收藏古代善本，更应该收藏近代的文献，应该包罗万象，兼收各类知识的书籍，尤其要着眼于新生的学科；必须科学地管理图书，因此强调编制目录的重要性；书籍的编排与分类应方便读者使用；应将人类文化知识分成 12 大类的分类法；图书馆必须向一切研究人员开放，使平民受益；图书馆应该挑选正直的、学识丰富、懂得图书的人当图书管理人员。

2. 近代中国的图书馆管理

鸦片战争之后，中国逐渐沦为半殖民地半封建社会。随着西方侵略者的战船炮舰，西方传教士手持福音书，在中国的土地上建起一座座教堂的同时，也建立了一座座与中国传统藏书楼完全不同的近代图书馆。实际上，西方图书馆随传教士传入中国并不是此时的事，早在明朝后期，著名传教士金尼阁（Nicolas Trigault）就曾在中国建立了一个具有一定规模的基督教图书馆，明末清初，北京也有教会的南堂、东堂、北堂、西堂“四堂”图书馆；所不同的是，那时的基督教图书馆并不是近代意义上的图书馆，而是带有浓烈传统藏书楼和修道院图书馆意味的图书馆。

近代西方传教士在中国建立的教会图书馆，著名的有徐家汇天主堂藏书楼、工部局公众图书馆、亚洲文会北中国支会图书馆、圣约翰大学图书馆、格致书院藏书楼、文华公书林等。这些超越了传统藏书楼窠臼的新型图书馆，大多具备了开放和半开放的特点，馆藏丰富、馆舍先进，对当时的中国传统藏书楼起到了示范作用。尤其是在管理方面，更是远远地走在时代的前列。如在分类方面，早在杜威法被正式介绍进中国现代图书馆之前，亚洲文会北中国支会图书馆和圣约翰大学图书馆即已使用，同时编有卡片目录，除书名、著者之外，还有分类索引和子目片与分析片。以收藏中国古籍和中文译著为主的格致书院藏书楼的分类体系也很有特色，其对旧籍采用四部分类，新书则用自编的三十六类分类法。这种区别处理新、旧图书的做法，与当今图书馆古籍与新书分开管理的思路是一脉相传的。近代教会图书馆的建立，向中国知识界传达了新式图书馆的观念，指明了中国图书馆事业的发展方向，其所起到的启蒙、示范作用，是不容低估的。

近代中国，自发地对社会开放藏书楼的行为也时有发生，如光绪年间北京的满洲贵胄国英，将其家藏“共读楼”藏书二万余卷每月定期对士人开放六天，特殊时间如乡试、会试期间，则连开十天，藏书只能在楼内阅览，概不外借。国英的这个举动，虽说与近代图书馆的某些做法有相通之处，但二者之间是有本质区别的，因为二者的前提、理念、基础都不同。

中国人自己的图书馆事业，是随着当时中国的一批有识之士面对民族危亡，在寻求救国图强之道的同时逐步形成和发展起来的。他们可能分属于不同的利益团体，但在向西方学习的过程中，逐步形成这样的共识：社会改良的首要内容是开启民智，而兴办教育、开办新式学堂、建立西式图书馆则是开启民智的最好方法。这种共识，19世纪90年代以后迅速普及，在此之前，虽有林则徐、魏源等在其著作中都不同程度地提到了英、美等国的图书馆，但仅限于一般介绍，谈不到有较深刻的认识。其后不久，王韬撰文明确提到建公共藏书楼，藏书向社会公众开放，可影响并不大。最能证明这点的是以提倡新政著称于世的洋务派大员张之洞，在由他组织人编写的《书目答问》中，虽然提出了一个古籍分类至今仍然在使用的“经、史、子、集、丛”五大部类的分类体系，其所使用的注释这种揭示文献内容的方法至今仍有相当学术价值，但其中收录的基本仍是中国传统典籍。

19世纪90年代，是中国民族危亡的最关键时期，也是有识之士最活跃的时期。他们四处探寻变法图强之道，反映在建立新式图书馆方面，则是形成了一系列的原则和思路，并影响着日后中国图书馆事业的发展。这其中的代表人物，最重要的当属近代改良主义先驱郑观应。1892年他在《盛世危言》第4卷《藏书》中，凭着他对西方世界的了解，盛赞了英、法等西方国家的图书馆，批判了中国传统的藏书楼，揭示了二者之间的实质性差异。在此基础上，郑观应把在中国广建新兴图书馆提到了救国救民的高度，并提出了具体主张，以官办为主，对全社会开放。其后，《马氏文通》作者马建忠1894年所写的《拟设翻译书院议》中，也明确提到院中应建“书楼”，专人管理、按时开馆、每月清查、定期添购新书。

郑观应等人的思想与呼吁，引起了当时思想界、舆论界的强烈共鸣，使得新式图书馆的观念，日渐深入人心，无论社会各界，都对兴办新式图书馆投入了相当大的热情。如维新派的康有为、梁启超等人，都有过宣传、创办、管理新式图书馆，编制图书馆目录，提出新的图书分类体系的经历，梁启超还曾公开倡导“图书馆为开进文化一大机关”，并协助康有为建立强学会书藏，发起、创办松坡图书馆，并自任馆长，还曾于1926年任新成立的北京图书馆馆长。民间方面，有绍兴徐树兰的古越藏书楼。政府方面，早年有同文馆的书阁，中期有以北京大学图书馆前身京师大学堂藏书楼为代表的新式学校系统图书馆，后期有以中国国家图书馆前身京师图书馆为代表的各省官办公共图书馆。在这其中，尤以京师大学堂藏书楼和京师图书馆对中国近、现代图书馆事业贡献最大。

（三）现代的图书馆管理

1. 现代西方的图书馆管理

20世纪以来，尤其是二战结束以后，新技术革命以方兴未艾之势冲击着全世界的图书馆事业。图书馆逐渐成为服务于整个社会的机构，从传统转向了现代，不断提高对外开放程度，许多方面都产生了变革。

（1）重视运用现代科技和网络手段来优化服务

随着社会、科技的进步，出版的书物数目迅速增加，图书馆的馆藏数量也急剧上升。面对数目庞大的图书情报和资料，传统的图书馆工作作风受到了冲击。为了能够快速、精确、高效地为读者提供图书资料并且处理相关问题，图书馆将现代信息技术广泛应用到了运作过程中。在图书采购、编目、检索、出借等工作环节中逐渐采用了机械化、信息化手段，一改以往的传统方法，有效地提高了对图书馆的管理效率。在20世纪60年代中期，美国的国会图书馆开发了一种可以用计算机运作的编目格式即MARC，依据这种格式，计算机自动以磁带的形式将编目数据输出，提高了工作效率。20世纪70年代，许多图书馆都有数据库检索功能，方便用户查找自己需要的资料，十分便利。随后，伴随计算机技术的更新发展，光盘技术、联机目录等新技术在图书馆管理系统中得到普遍的使用，图书馆管理体系逐渐得到了现代化发展。

（2）图书馆管理更加注重用户的需求

苏联于1959年通过了《关于改善图书馆事业的状况和措施》这一决议，认为图书馆要真正变成一种能够实现全面教育、科技、政治等各种方面的知识为民众所接触、所吸收的学习中心。当时苏联的图书馆会依据读者的年龄、兴趣、职业等，帮助读者挑选图书，为读者制定个性化的阅读计划，并经常组织不同形式的读者座谈会来让读者之间相互交流沟通、分享阅读感受。还会举办各种图书展览会、文艺晚会等，组织读者和作者见面，从而能够实现互动、加深对图书的理解，多种形式和活动都是为了更好地满足读者的阅读需求。[①]

美国国会也通过了《图书馆服务法》，将公共图书馆的服务范围扩大到了乡村地区。随后，美国公共图书馆的服务范围扩大到残疾人、少数民族、退休中心、地段医院、监狱等处，甚至还在超级市场开设分馆；出借的内容十分丰富，除了图书之外，也出借音乐资料、录音磁带、电影录像、名画摹本等；出借方式则普遍采用开架式，使读者能直接接触大部分馆藏。

19世纪末20世纪初，美国几乎全部大型公共图书馆都开展了单独的参考咨询工作，并建立了独立的参考咨询部。参考咨询部的工作大约有如下三个方面：一是教会读者如何利用图书馆，如何发现和使用图书资料；二是在读者寻找资料的过程中给予指导，帮助读者查询他所需要的特定资料；三是把读者寻找的图书情报资料直接提供给读者。

（3）图书馆之间加强合作，协作采购，馆际互借，构建图书馆网络

从20世纪初到20世纪中叶，很多图书馆都开展了以编制联合目录、馆际互借为内容的合作，有些图书馆还开展了联合采购。

① 王子晖.冷战时期的美国苏联学研究[J].吉林大学学报，2014.

德国早在19世纪下半叶就提出了图书采购的分工和协作问题。二战以前，在馆藏建设的协调方面，德国图书馆走在世界前列；二战后，前联邦德国于1949年恢复了德国学术援助协会的活动，1951年更名为德国学术促进会，学术促进会设有图书馆委员会。1949年制订了全国的采购协调计划，把外国图书资料的收集按28个大类、105个小类分配给各图书馆。前民主德国的采购协作叫“采购重点计划”，这是为收集外国资料而进行的协作，参加的馆共有71所，都是科学研究图书馆；收集的专题有14大类，再细分为140小类，包括自然科学、现代图书馆管理、经济、政治和文化等各领域。

美国的图书馆协会在1942年发起著名的外国出版物联合采购的“法明顿计划”，把由图书馆按学科分别承担采购任务改为按地区承担，大约有60所科学研究图书馆参加了这个计划。刚开始采购对象只限于法国、瑞典和瑞士三国，之后范围扩及全世界约150个国家。法明顿计划保证外国有用的图书资料至少有一本能够进入美国的某一所科学研究图书馆，并能及时登入国会图书馆的联合目录，以供馆际互借与照相复制。该计划运行30余年，后来由于经费和协调上的困难于1972年停止。

美国国会图书馆发起的“全国采购编目计划”目的是以最快的速度收集外国出版物，及时进行编目，迅速传播书目资料，以便通过全国统一的计划来满足国会图书馆和其他图书馆的需要。为了执行这个计划，国会图书馆在英、法、德等国建立了采购编目中心，在这些国家的国家图书馆协助下，采购有学术价值的外国出版物，并就地按英美编目条例进行编目。

20世纪60年代，计算机开始应用于图书馆管理，迅速为图书馆合作提供了新的契机，其中最有影响的合作组织是成立于1967年的OCLC（联机图书馆中心，Online Computer Library Center）。该中心由俄亥俄州各大学图书馆联合筹建，与国内外数万个图书馆、情报中心、计算机终端连接，加上它拥有世界上内容最为丰富的图书馆书目记录以及相关资料，因而成为一个规模宏大的信息交流中心。

英国的馆际互借的中心是国家中央图书馆。二战后，英国图书馆的馆际互借工作有了很大的发展。1973年，国家中央图书馆同1961年成立的国家科技文献外借图书馆合并，成为不列颠图书馆外借部，该外借部是全国的馆际互借中心。

美国的馆际互借是继德国、英国之后发展起来的，1917年美国图书馆协会制定了馆际互借规则，1968年修订。美国的互借工作开展得比较广泛，仅在高等学院之间每年就办理百万次以上，各州内和地域内图书馆网的建立使不同类型图书馆之间的互借工作得以进一步开展。国际图书馆协会联合会对国际互借十分关心，早在1936年就制定了国际互借规则。这一规则要求，国际互借的图书免收关税，并付低率邮资，它还制定了各国都能接受的统一的借书形式，免去了烦琐的手续。这一规则对推动国际间互借起了促进作用，世界上许多国家都以法律形式保证按照国际图联所制定的规则办理国际互借。

2. 现代中国的图书馆管理

随着新文化运动的发展，图书馆事业也有了较大的发展空间。1918 年，李大钊任北京大学图书馆主任，他一方面加强内部管理工作，如加强目录编制、开展开架借书、增加开放时间等；另一方面，还十分重视图书馆事业和图书馆教育，并积极向社会宣传与普及图书馆知识。

在 1919–1949 年的三十年里，中国图书馆事业的最大的进展是一批图书馆学者如沈祖荣、杜定友、刘国钧、李小缘等学成归国，他们在国内或从事图书馆学教育，培养图书馆管理的新型人才；或投身于图书馆事业之中，摇旗呐喊，以壮声威。1920 年 3 月，由美国人韦棣华及沈祖荣、胡庆生等人创办的武昌文华大学图书科成立，成为中国第一个现代图书馆人才的培养机构；其后，1922 年 3 月，杜定友在广州创办图书馆管理员养成所；此外，还有金陵大学等一些单位陆续开办了有关图书馆人才的培养与训练机构。各地图书馆协会办有多种图书馆学刊物，繁荣了图书馆学研究。此外，中国图书馆界还积极开展国际间的学术交流，除不断派出留学生出国学习之外，1925 年 4 月，美国图书馆专家鲍士伟来华访问，历时两个月，1926 年 2 月，法国图书馆学专家莱爱尼女士受法国政府派遣，来华考察图书馆事业，使得当时中国的图书馆事业能够和国际接轨。

这个阶段，国内图书馆事业发展较快，各地公共图书馆不断建立，高校图书馆也日益规范，北洋政府和民国政府陆续颁布了十多个有关图书馆的全国性法规。在近代中国图书馆事业中发挥过积极作用的教会图书馆此时大多以教会学校图书馆的形式出现，积极融入中国图书馆事业之中，加快了当时图书馆事业“中国化”的进程。

新中国建立之后，人民当家作主，中国的图书馆事业有了质的飞跃，国家有关部门颁布了一系列相关的法令法规。1958 年，北京大学和武汉大学图书馆学系还相继开设了图书馆工作组织和图书馆行政课程，两校和文化学院合编的《图书馆学引论》中也有相关内容的论述。

第二节　高校图书馆文献信息资源的管理现状

随着科学的进步和社会的发展，尽管我国图书馆事业得到了快速的发展，但是和发达国家相比仍然有一定的差距。认清我国图书馆事业发展现状以及面临的困境，能够促进图书馆事业进一步发展。本节探讨我国图书馆以及我国高校图书馆发展的现状及面临的困境。

一、中国图书馆发展的现状

当前中国图书馆事业的发展现状，有关学者和图书馆界的同行常用喜忧参半、机遇和挑战并存、困难和希望同在来形容。目前我国图书馆事业的发展情况既充满了机遇和希望，又存在许多困难和挑战。我国图书馆发展到现在，取得了许多的成就，服务群众的能力也在不断上升。全国各省市、区、县基本上都建立起了公共图书馆以供人们使用，也出现了各种信息中心、科研机构。有关图书馆领域的学术著作十分丰富，相关理论的交流和学术讨论也呈现繁荣的趋势。图书馆从业人员也越来越专业化，人才素质得到提高。科技在图书馆中的使用也越来越普遍，管理和组织效率也得到了提升。整体来说，图书馆的现代化水平在不断提升，服务于公众的作用也越来越大。

二、中国图书馆发展困境分析

我国地域广阔、人口众多，各地区经济发展水平的不均衡导致图书馆事业也出现了不平衡的发展，部分图书馆存在一些经费短缺、人员流失、人才素质低等问题。要想解决这些问题，必须从图书馆事业发展现状中找到原因，才能对症下药、更好地解决问题。当前我国图书馆发展困境主要集中在以下几个方面。

（一）缺乏社会图书馆意识

由于当时社会发展水平不够，人们的整体文化素质不高，对图书馆属性和作用的认识和理解还比较浅，很多人只知道图书馆是借书的地方，但是对于图书馆提供信息的功能以及其他服务功能认知不足，因此更谈不上能够对图书馆合理高效运用。图书馆是服务社会大众的机构，若失去了社会群体的市场，便失去了发展的动力，难以实现其社会利用价值，不利于图书馆的长久健康发展。

（二）图书馆管理体制的弊端

图书馆隶属于文化部，而长期以来，文化部尚未形成和建立专门的管理图书馆的部门，图书馆大多处于文化处的综合管理内，分工不够明确，将图书馆和文化部别的工作如文化馆、剧团、电影公司等部门混在一起来管理，工作过程杂乱，缺乏科学性和合理性。除此之外，由于长期以来我国图书馆事业都是纵向发展的分管体制，因而忽视了横向的对于图书馆馆际协作能力的培养，造成了目前文献资源利用率不高、馆与馆之间发展不均衡的局面。

（三）图书馆相关法律不够完善

关于促进图书馆事业发展的法律法规还不够完善，因而一些图书馆在实践中缺乏法律依据和政策的扶持，在运作上较为被动。

（四）图书馆发展经费短缺

图书馆经费是开办活动、维持图书馆日常运行的主要资金，图书馆主要由政府投资建立，属于公益性的社会服务机构，经费来源主要是政府财政拨款。然而总体来说，部分图书馆的经费都比较短缺，这就导致了文献资料的匮乏、基础设备的陈旧以及服务的落后。因此一些图书馆的发展受到了一定的制约，生存环境艰难。

（五）图书馆专业人才缺乏

现代图书馆的健康发展离不开专业的、高素质人才队伍。然而目前我国图书馆缺乏核心层次的人才，如图书馆管理与服务专业、高级采编人员、系统网络设计和维护人员以及各语种人才、参考馆员等。时代在发展，人们的需求也在不断变化，图书馆的职员应该用新的理念和技术来提高自己的服务水平，进一步适应时代变化，而一些职员仍然不懂得变通，沿用老一套的服务方法，没有善用新的技术，也并未更新自己的观念，仅是安于现状，难以变通。

三、高校图书馆管理的现状

高校图书馆是高等教育重要的信息中心，为教学、科研以及学科建设提供了文献信息保障，影响着教学质量和办学水平。在如今的信息化时代，高校图书馆的工作方式发生了变化。具体表现在以下几个方面：

（一）数字化媒介逐渐盛行

随着信息化的不断发展，许多纸质藏书及文献信息资源都逐步转化成了数字化、电子版形态，还有光盘、磁盘用以储存，查阅十分快捷方便。人们在查找和阅读自己想要的文献信息资料时突破了时间和空间上的限制，随时随地都可以反复阅读。

（二）开放式管理

以前的高校图书馆重视珍藏藏书而忽视了其在实际情况当中的使用情况，只注重文献信息资源的保存情况，轻视了对其的合理运用，因此以往的高校图书馆管理较为封闭，而现在则呈现出一种开放性、网络化、信息化的开放式管理趋势，在注意保管储存的同时也对文献信息资源加以利用。

（三）馆藏数量庞大

高校图书馆的文献信息资源丰富，覆盖面广泛，能够很好地满足学生的学习需求和教师的教学需求。除了本馆馆藏的文献信息资源以外，还有虚拟馆藏，信息量巨大。

四、高校图书馆存在的问题

（一）对于庞大的文献信息资源分类难度大

随着科学技术的发展，文献信息资源数量庞大，载体也呈现出多样性趋势，不只是有纸质文献信息资料，还有各种声、电磁、光等介质的文献信息媒体。尽管丰富的图书文献信息资源为人们提供了更多查阅资料的可能、带来了便利，但是同时也让图书馆馆员在文献信息资料的分类、标引上出现了一定的困难，从而降低了服务效率，不利于读者对信息资源的充分使用。

（二）经费不足，文献信息资源更新慢

部分高校图书馆的投入经费不足，导致购入新书的过程缓慢，馆内的图书资料较为陈旧过时。一些高校图书馆收藏里有大量过时的图书资料，不仅占空间、费时间，还不利于阅读。随着科技和社会的发展，一些老旧的观念、结论也已经过时，记载相关内容的图书也就随之过时了，利用和参考价值降低了。随着教育事业的发展，许多高校不断扩招，招生数量的增加和图书数量的不足之间产生了矛盾，高校人均图书的占有率下降了。不仅如此，高校也在不断开设新的专业、学科，而与之相关的文献信息资源的匮乏导致了学科发展的不平衡，经费的缺乏也不利于购入新的学科文献信息资源。

（三）文献信息资源分散

虽然高校图书馆拥有一定数量的藏书资源，但也有一部分资源只能在网上下载利用，而许多网上的资源都需要付费下载，这就降低了用户的积极性，不利于知识的传播利用。况且，有些高校由于办学条件限制，网络不够流畅，系统漏洞也难以及时修复，导致了文献信息资源使用效率的低下。有许多学校有着不同的校区，文献资源比较分散，不利于资料的共用共享。

（四）运作机制落后

许多高校图书馆目前的运作方式仍然是传统的采购、编目、阅览和咨询等，而如今随着网络化和数字化的发展，传统的业务设置就显得不灵活。以往印刷性载体的文献工作流程也显然不再适合现代数字化信息资源的运用。除此之外，现在随着许多学校的扩建，校区会呈分散化趋向，多校区的格局让图书馆藏书管理、人员服务都变得极为不便。有些地方基层院校的图书馆仍然沿用手工操作服务，服务水平和效率低下。一些高校的图书馆专业人才队伍素质也有待提高。随着社会的发展，读者的需求也在变化，传统的图书馆馆员的知识结构较为单一，人员素质有待提高。

第三节　高校图书馆文献信息资源管理的创新策略

一、解决图书馆管理问题的途径与对策

要想解决中国图书馆目前面临的上述问题，需要社会各阶层的共同努力。要促进图书馆事业健康、稳定的发展，应该坚持内外结合调整，改外治内。通过改变图书馆发展的外部环境来增加对图书馆事业的投资，比如利用各种舆论渠道来宣传图书馆的地位和作用，提高人们及各级政府对图书馆事业的重视程度，增加图书馆的能用资金；同时也要注重对图书馆内部即服务理念、藏书管理及开发等环节的综合治理，不断提升图书馆自身的服务水平和能力。按照这样的指导思想和改革原则，能够有效帮助图书馆管理走出困境，具体对策如下。

（一）多途径解决经费问题

经费问题是目前图书馆管理中的重点问题。要通过各种渠道来呼吁政府尽快建立健全图书馆管理的相关法律法规，保证图书馆有充足的资金来源并且能够稳定增长。同时要坚持开展各种有偿服务活动，以这种方式可以有效弥补国家拨款的不足。还可以通过公关等各种活动来寻求个人、企业等对图书馆的经济援助。多种途径的尝试可以缓解图书馆的资金压力，促进图书馆管理事业的健康稳健发展。

（二）提高资金利用率

图书馆管理事业中资金匮乏，经费不足，这就需要在建设图书馆事业的过程中合理利用自身拥有的资金资源，将利用率最大化，避免浪费。可以通过如下的对策来解决该问题：首先要加强图书馆馆际合作，实现资源共享。要实现馆际合作，需要树立图书馆文献资源的整体化观念，不能沿用“大而全”“小而全”的各自经营意识，要分工协调、资源共享，这才是缓解资金不足的有效途径。同时，还要加强图书馆自身的科学管理，合理安排人力、物力和财力，减少一些不必要的开支，勤俭节约，减少浪费。在图书采购的过程中，提升计划性和精准性，运用藏书结构理论来减少采购的盲目性。对本馆建设无益处的文献资源也不必强留，要多注重资源的有效性。

（三）缓解供求矛盾，充分利用文献资源

当前我国许多图书馆建设过程中仍然保留了“重藏轻用”的思想，将一些文献资源视若家珍，不轻易展示于人。这种做法在一定程度上浪费了国家文献资源。要缓解

这样的矛盾，可以实行开架和闭架相结合的借阅体制并且逐步扩大开架的范围。许多图书馆仍沿用保存本制度，不利于空间和资源的利用，应逐渐废除，同时取消样本库，扩大书刊的流通领域、缩短借阅期限、降低借阅册限，从而提高书刊的周转率。对于一些需要集中使用的参考书，可以设置专门的阅览室供读者阅读。

（四）创新图书馆服务内容

目前得益于网络和数字化的发展，图书馆可以积极创办电子阅览室、各类信息发布厅、信息检索室等来方便读者查阅书籍、提高阅读效率；还可以创办学术交流厅、卫星直播厅、展示厅等来营造一种舒适、宁静、新颖的阅读氛围，提高读者的兴趣，引导其到图书馆来阅读和学习。除此之外，还可以引进国外图书馆的办馆理念，引入发达国家图书馆先进的技术和管理模式。

（五）健全图书馆管理体制

目前我国图书馆事业的发展缺乏一种体制上的支持和管理，因此需要建立起全国统一的管理机构，把图书馆像档案馆一样从文化部分离出来，设立单独的、专门的图书馆管理机构。由国家来集中管理图书馆事业，全国所有的图书馆都在一个完整统一的体系下运行，并且能够适应全国政治、经济和文化的发展需要，这能够很好地提高图书馆的管理水平和管理的科学性。

（六）推动图书馆立法进程

我国目前不仅要健全图书馆管理体制，还要制定一部健全的公共图书馆法。法治形式能够有效地实现图书馆事业的科学管理。有了国家法律对图书馆的保护，可以高效地解决图书馆经费不足、发展不平衡、信息资源分布不合理、区域间缺少协作等多方面的问题。加强对于图书馆事业的宏观调控，保障图书馆和读者的相关合法权益等，都能够有效解决图书馆管理过程中的问题。

要好好抓住机会，努力搞好各方面工作，我国的图书馆事业必定会实现可持续发展，并更好地为我国社会经济建设与自然人文环境的和谐发展作出应有的贡献。

二、大学图书馆的外部环境分析

大学图书馆的外部环境因素复杂多样，但最主要的有如下三点。

（一）学校

一所大学的图书馆主要服务于该学校，因此，学校的整体特色、优势和总体实力影响并且决定着图书馆的发展方向。在建馆之前，大学图书馆应该充分了解学校的概况、办学特色、优势学科、专业设置等，详细了解了其经费实力和发展规划再决定自身的办馆规模及方向等。同时，还要了解学校的各级领导、师生职工等信息，了解和掌握其不同的需求，从而能够更有针对性地开展服务。

（二）行业

图书馆工作属于服务行业，因此对高校图书馆工作而言，要主动掌握所在区域乃至国内高校图书馆工作的发展现状、趋势等，以掌握图书馆服务行业的发展。基于此，高校图书馆要参与地方政府以及全省高等学校图工委和图书馆学会的活动，以熟悉和掌握图书馆行业的发展状况。

（三）社会

图书馆属于社会部门，必须满足社会的需求。要了解图书馆所处的社会文化及价值体系，才能进一步了解图书馆的发展历程及未来发展趋势。因此大学图书馆不仅要了解所属学校和行业的信息，还要在整体上把握社会各领域的发展趋势，从而更好地满足社会的需求。

三、大学图书馆内部要素及其结构分析

图书馆内部是由以下各要素组成的：

第一，信息资源。信息资源是图书馆的立身之本，是图书馆的核心部分和基本要素。信息资源是人们选取的、经过组织之后有序化的有用信息，不同的大学图书馆储存着不同的、各具特色的信息资源。

第二，用户。也称作读者，是高校图书馆主要的服务对象。图书馆的一切活动都要从用户的需求出发，满足用户需求是图书馆的基本工作和核心工作。

第三，工作人员。即图书馆的管理及工作人员，是连接图书馆和用户的桥梁，是图书馆不可缺少的一部分。

第四，建筑与设备。即图书馆的物质条件和基础设施。

第五，技术方法。是图书馆对于各项信息资源收集、整理、加工、开发利用等环节所使用的技术手段以及服务用户、组织管理图书馆的方法等。

四、“立体三角”管理模式及其在大学图书馆的应用

从图书馆的内外部环境出发，可以探索出两条优化道路：第一，加强图书馆内部管理，认清各要素的关系，不断优化整体功能，调整优化内部结构；第二，通过外部宣传、服务等，赢得外界对于图书馆的理解与支持，和外部环境形成一种良性互动。

所谓“立体三角”管理模式就是以信息资源建设和新技术、新设备的应用为基础，以用户服务为中心，以管理（特别是人的管理）为突破口，内凝外联，改革创新，整体推进，使大学图书馆的各项工作不断登上新的台阶。“立体三角”管理模式强调一种整体论思想，这意味着图书馆内部要素之间需要有机结合、协调发展，而不是只能

考虑其中的某一个因素或者某一个方面。与此同时，图书馆还要和外部环境处于一种和谐的状态，与外部环境良性沟通、互动。①

（一）以服务为中心

图书馆的工作核心是服务读者，因此高校图书馆若想长远发展，必须要狠抓服务，不断提高自身服务水平，从而更好地满足学校和师生的发展需求。

首先要改进服务态度。积极培养工作人员的服务意识，比如开办“读者第一，服务至上”相关专题讲座，让职员能够意识到服务的重要性；当读者遇到问题需要解决时，通常会寻求馆员的帮助，这时候无论是哪位馆员，都应该认真对待读者的问题，给予其积极的帮助和反馈，若实在无力帮助，也应该将读者指引到相应的部室以寻求解决方案。在图书馆内服务的工作过程中，应该做到挂牌上岗，并保持微笑，给读者亲和、平易近人、信任的感觉。除此之外，还可以开设读者意见箱，积极倾听读者的意见和建议，虚心接受读者的监督。

其次，通过各种途径来加强对自身馆内相关信息的宣传，比如可以报道馆藏信息资源，利用公众号来发布相关文章，并积极推送；利用公共检索系统等各种检索途径来为读者提供新书查询服务；在图书馆主页及时报道文献到馆情况，方便读者及时了解图书的流通情况。

另外，还可以优化基础服务，进一步提升读者的阅读体验。如可以提高借阅册限、缩短借阅期限等；还可以延长开馆时间，缩短办证时间，让师生在图书馆能够更加便利；在阅览室增设检索机器，提高查阅资料的效率等。

（二）发挥优势，开展数字图书馆的研究和试验

图书馆未来的发展趋势必然是数字图书馆，早在“十一五”“211 工程”立项时，许多地方就建立了数字图书馆人才教育与培训基地。高校的技术实力通常比较强劲，优秀教师资源也较为雄厚，因此可以充分发挥专业教师学科带头人的作用，组建一支高学历、高素质的数字图书馆研究队伍，推动数字图书馆理论研究、技术开发和实际应用相结合，积极建立数字图书信息资源库。

（三）改革机构人事分配制度，调动职工的积极性

人事分配制度涉及馆员的切身利益，极大地影响着员工的积极性。随着学校人事制度的改革，图书馆也作出了相应的调整，机构较原来更加精简，除了办公室以外，把期刊、阅览、流通、复印等部门合并，组建成了读者服务部，同时把采访部、编目部合并成信息资源建设部，咨询部、技术部合并成信息咨询部。在人员编制上也有所调整，精简了人员数量。在分配制度上，根据不用岗位设置不同的工资级别，按劳分配，

① 代根兴．“立体三角”：大学图书馆管理模式的新思考 [J]. 大学图书馆学报，2004（3）：61-63.

积极调动不同人员的工作积极性。改革之后还要注意听取群众意见，反映民意，赢得广大职工的理解和支持。

（四）发挥图书馆工会的作用

在党支部的领导下，图书馆工会可以组织各种各样的活动来丰富职工的生活，从而激发内部活力，进一步增强内部的凝聚力。还可以和其他大学的图书馆一起在节假日举办联欢活动等，不仅能够增进与其他学校的感情，还可以促进图书馆的共同发展。

（五）加强与外界联系

在高校范围内，图书馆应加强自身宣传，让读者都了解自身相关服务和工作：积极创办图书馆馆报、线上网页等；利用校园网、馆内宣传栏等途径立体式地宣传图书馆；同时积极报道图书馆活动，开设图书馆相关第二课堂，扩大图书馆在学校的影响。在校外也应积极参与图书馆界组织的学术研讨与交流活动，密切和其他图书馆的来往，加强馆际协作，促进共赢发展。

第四章　高校图书馆文献信息资源的评价概况

馆藏资源评价是图书馆馆藏资源建设和发展的重要环节之一，它可以反映一个历史阶段的馆藏资源建设发展概况，同时为下一阶段制定或修改馆藏发展政策及开展馆藏资源采选工作提供有力的依据。因此，馆藏信息资源评价在馆藏资源建设工作中起到了承上启下的作用，它使得馆藏资源建设工作循序渐进、不断完善与发展。

随着网络技术的发展，图书馆馆藏的内容也在不断丰富。以往只具备纸质图书资源的局面已经被打破，许多图书馆都拥有丰富的电子信息资源，所以馆藏评价的内容也随之不断发展与改变。当前，在网络环境下衡量图书馆信息资源的数量、质量和使用效果，已成为馆藏信息资源建设领域的重要课题之一。

第一节　高校图书馆文献信息资源评价的相关概念

一、高校图书馆馆藏信息资源评价的含义与作用

（一）高校图书馆馆藏信息资源评价的含义

曹作华对信息资源评价所下的定义，即“信息资源评价就是根据一定目标，系统地收集与信息资源体系相关的信息，通过分析解释，对信息资源客体的实用性和效益性做出客观的评价。”[①] 具体而言，就是对图书馆的现有信息资源体系、运行状况、效果等各方面的属性进行衡量和检测，做出价值判断的过程。通过这种检测和评估，反馈各种信息，从而为制定图书馆及其信息资源发展政策，提供客观依据。

李芳等认为网络环境下图书馆信息资源包括传统的纸文献资源和现代的电子资源，对馆藏信息资源的评价应该包含这两个层面。传统的纸质文献信息资源评价是对馆藏纸质文献信息资源（主要是图书和书刊）的数量、实用性、价值性等方面进行评

① 曹作华 . 图书馆信息资源建设与评价 [M]. 徐州：中国矿业大学出版社，2003.

估测量；电子信息资源的评估则是对图书馆的数据库、电子图书和电子期刊等资源进行综合分析和评价，评测出其价值。

虽然图书馆通常不具有电子资源的所有权，但对这些可以使用的电子资源，同样需要对其学术价值、使用价值、实际利用等方面进行综合评价。综上所述，馆藏信息资源评价主要考察图书馆信息资源的拥有情况以及读者对馆藏信息资源的获取和利用情况。①

总体来说，高校图书馆馆藏信息资源评价就是根据高校图书馆馆藏资源发展目标，对现有馆藏资源体系（包括印刷型信息资源、数字信息资源以及开放存取资源）的资源拥有情况和读者对馆藏信息资源的获取和利用情况所进行的综合评价。

（二）高校图书馆馆藏信息资源评价的作用

科学、有效地进行馆藏信息资源评价，是高校图书馆文献信息建设的重要内容之一。馆藏信息资源的评价结果能够让读者清晰地了解自己所需要的资源的信息，从而提高查阅和使用效率，提高了文献信息资源的利用率，进一步推动图书馆文献建设事业的健康长久发展，因此，对高校图书馆馆藏信息资源进行定期评价是图书馆工作中不可缺少的一个环节。

1. 达到对信息资源的有效利用，进而提高信息资源的利用率

帮助用户有效地认识、选择和利用有关的资源，是信息资源建设质量保障的前提。尽管大量的信息资源能够为用户获取信息提供有利的途径，但是，如何从这些资源中准确选择所需的信息并加以有效利用就成为用户面临的问题。通过对信息资源进行评价，可以提高信息资源的精准度和有用性，改善信息资源的品质，促进信息资源的优化和良性循环，从而达到对资源的有效利用。

只有对馆藏信息资源建设结构的合理性、系统性、连续性进行评价，才能全面了解体现在不同载体类型、不同学科内容、不同存取方式的图书馆馆藏信息资源能否在数量、内容和使用方式上相互补充、合理分配；采集、积累的信息资源是否系统、连续，主要在于系统、连续地采集和积累数字馆藏资源，才能保证其完整性和有效性，并且，只有采购到利用率高和用户重点需求的核心馆藏，才是提高资源利用率和用户满意度的根本途径。

2. 检验馆藏信息资源，为学校教学、科研提供信息保障的能力

通过馆藏信息资源评价，可以从数量、质量和资源结构上对馆藏资源进行全面、准确地把握，从而认清“家底”。表现在：一是可以有效检验现有馆藏体系中的重点馆藏、核心馆藏或特色资源是否得到应有的重视和一直保持入藏的连续性；二是可以

① 李芳等. 学科信息资源建设方法 [M]. 上海：上海交通大学出版社，2012.

有效检验现有馆藏体系中存在的不能满足用户需求的薄弱环节。通过认清“家底”，克服资源建设中的不足，才能有效提升为学校教学、科研服务的信息资源保障能力。

3. 为图书馆制定馆藏资源发展决策提供客观依据

（1）通过定期对微观信息资源配置的质量进行评价，可以有效检验信息资源采选方针、采选方式和采访信息源的适宜性，从而改进图书馆信息资源的采访工作。

（2）对高校图书馆的纸质文献信息资源和电子文献信息资源进行评估，可以查漏补缺，及时作出相应的调整，促进图书馆馆藏结构的优化和完善，让经费花在刀刃上，减少无效浪费。

（3）可以及时了解广大读者对于图书馆文献信息资源的满意程度，评估文献资源是否能够满足不同受众的个性化需求，能够找出规律，有针对性和计划性地制定相关文献信息资源发展决策，从而更好地服务于用户。

（4）能够分析和评定出目前的文献信息资源库是否符合图书馆发展目标和任务，是否有特色和重点，以便及时调整相关政策。

（5）有助于协调与院系资料室乃至于与其他高校图书馆的信息资源共建共享水平，提高图书馆整体服务水平。

二、高校图书馆馆藏信息资源评价的原理

图书馆信息资源建设是一项复杂的系统工程，因而也决定了评价的系统性和复杂性。为此，在评价中应坚持以系统理论为指导，坚持信息论、控制论、系统论“三论”相互结合的原则，应用整体性、反馈性、优选性、有序性和定量分析与定性分析相结合的原理，全面地认识信息资源评价的属性和理论意义。

（一）系统性原理

一个系统是各部分紧密结合的、有结构的整体，具有整体性，而单独的、没有联系的独立个体组合在一起不叫系统。系统的整体性决定了整体功能大于个体功能之和。图书馆信息资源建设作为一个大系统，内部结构有序、严密且复杂。其整体中包括许多组成部分，每部分可被看做分系统或子系统，每个子系统受到许多因素的制约，系统之间又具有相互依存、相互作用、相互影响的关系。因此，在进行信息资源建设评价时，必须应用系统性原理，特别是关于系统结构的每一个局部最优之和不等于整体最优的思想，从系统的整体目标和任务出发，运用系统分析的思维综合分析各个因素如何发挥出最大作用，从整体的角度去全面考虑各部分对图书馆文献信息资源整体工作的影响。

（二）优选性原理

优选型原理即选择最优的方案或者决策来实现总目标。如何从众多的备选方案中选择出技术上可行、经济上合理、社会效益又好的总体最优方案，这是决策之前必须解决的一个重要问题。信息资源建设评价，就是为达到这一目的而进行的努力。通常，优选性研究主要通过两种途径，第一种途径是从不同类型的多个方案中开展优选，第二种途径是从同一方案的不同决策中选择最优方案。信息资源建设方案优选则融合这两种途径于一体，如信息资源建设的总体评价属于后一种优选方式，而图书馆文献询价采购方案优选则属于前种优选类型。

（三）有序性原理

所谓有序性，就是按照一定的标准（或称评价指标体系）和一定的程序，以特定的时间间隔，对特定时间段内信息资源建设状况进行评价，以求从时间序列上展示信息资源建设循序渐进的发展变化过程。

（四）定性与定量相结合的决策原理

信息资源建设评价的核心问题，是要寻求馆藏与需求的最佳契合度，找出质量上最优、经济上合理的最佳方案，提高馆藏的利用程度。为了达到这一目标，必须对涉及的诸多因素进行权重分配以得出明确的综合数量概念，以便进行确切的分析比较。目前，定量与定性有机结合的评价体系已成为一种理想的模式。图书馆计算机化、网络化环境的不断优化，为利用计算机和数学建模技术来构建信息资源建设状况的定性与定量相结合的评价方法提供了极大便利，开展相关影响因素数量化评价的条件已经成熟。当然，信息资源建设是一个复杂的循环过程，不可避免地会存在一些难以量化的因素，如信息资源组织与加工深度、信息资源对读者需求的满足程度、信息资源利用效果以及共享化程度、社会效益和经济效益等。对此，应采取相应的定性描述，通过定量与定性的有机结合来达到综合性评价的目的。

三、高校图书馆馆藏信息资源评价的原则

（一）整体性和系统性原则

高校图书馆文献信息资源馆藏评价要坚持整体性和系统性的原则。所谓整体性和系统性就是要在评价的过程综合考虑到整个数据库、不同用户需求，结合自身实际来对于各项因素进行评价，要纵观全局，不能只看某一个环节或者因素。每个方面的指标不该是分散的，要结合在一起，形成一个完整的、系统化的体系。从而减少或减轻评价人员的主观性对评价的影响。图书馆又是个复杂性的系统，其信息资源建设评价的目标是多元化的，既有效率目标，也有发展潜力目标。各种目标在发展过程中应该互相兼顾，所以要采用系统的方法，争取达到整体的最优效果。

（二）指标可操作性与可比性相结合的原则

图书馆馆藏信息资源建设评价，必须具有可靠的资料来源。其资料来源可建立在现行图书馆指标体系的基础上，但又不能完全受其限制，还可根据需要增设新的调查项目。图书馆馆藏信息资源建设评价指标体系的设置要具有可测性，易于量化和获得，以便进行统计和处理。此外最终得出的数据要便于比较分析，具有可比性。[①]

（三）定量与定性指标相结合的原则

对高校图书馆文献信息资源进行评价是一个复杂的过程，对于一些难以量化的因素可以设置一定的权重值，把定性指标和定量指标结合在一起，定量分析一些特定指标的同时也能定性分析定量指标的数据。这种方法可以弥补各自的不足之处，达到较好的评价效果，进而能够客观地反映出高校图书馆信息资源建设质量的真实水平。

（四）静态与动态指标相结合的原则

图书馆馆藏信息资源建设评价指标以静态为主，以动态为辅。静态指标主要是反映图书馆某一时刻的状况，动态指标主要是反映图书馆某一时段变化的状况。评价图书馆既要看当前的总量，也要看发展速度。对起步较晚的数字图书馆，若以静态绝对值指标反映则会数值偏小；若以动态相对值指标反映则会数值偏大。因此，静态指标与动态指标必须兼顾，以静态指标为主。

（五）导向性与科学性原则

评价指标体系既能如实反映资源建设质量的真实水平，又要起到促进建设质量进一步提升的重要作用。从文献信息资源的现实情况出发，结合其发展趋势和发展方向，制定出具有导向性的评价体系。在指标体系的设计上，要遵循科学的原则，应从信息资源建设的通盘考虑，力求指标含义、统计口径等要有明确定义，数据要准确、全面、简明，能够度量和反映图书馆信息资源建设的价值取向、本质特征、发展现状和发展趋势，通过评价为图书馆信息资源建设指引方向。

四、高校图书馆馆藏信息资源评价的类型

馆藏信息资源的评价根据不同的划分标准，可以划分出不同的类型。

（一）按质量要素分类

根据质量要素，信息资源评价可分为单要素质量评价、多要素质量评价、整体质量综合评价三种类型。

---

① 吉汉强等 . 文献资源建设绩效评价指标体系构建的实践研究》[J]. 图书馆建设，2011（4）：26–30.

1. 单要素质量评价

即单项质量考评，是馆藏质量的某一个特定方面，比如某学科文献信息资源的利用率高低、用户的满意程度等。由于每一个质量评价要素代表了馆藏质量的某一方面，因此，可以将单个要素独立用作单项质量考评的标准。

2. 多要素质量评价

信息资源建设涉及图书馆自动化建设、网络化建设、文献资源建设、数字化信息资源建设等方面，而这些方面的质量保障又涉及多个评价要素。这些质量要素的联合，构成信息资源建设评价的子系统，每个子系统又构成了局部质量评价的组合标准。

3. 整体质量综合评价

由于信息资源建设涉及信息收集、组织、整序、开发和管理等活动，系统以整体形式构成对用户信息需求评价的保障功能，其结构复杂，要素众多。要了解信息资源体系的状况、功能及其发挥情况，就需要进行整体质量的综合评价。综合评价对于指导馆藏发展规划和策略调整、文献经费预算和分配、馆藏发展过程控制以及信息资源保障能力的提高等具有不可替代的作用。但是，这种评价形式工作量大，实施难度也很高。

（二）按评价时间分类

根据时间要素，信息资源建设评价可被分为回顾性评价和现状评价两种类型。

1. 回顾性评价

回顾性评价是在历史资料的基础上，对单个馆在过去一段时间内馆藏建设质量所进行的比较性评价。这种评价可以从时间序列上揭示馆藏信息资源建设的发展过程，了解馆藏建设政策调整的力度和最佳质量点，为信息资源建设策略的制定提供历史性比较依据，从而有助于科学合理地规划与把握图书馆信息资源建设的方向。

2. 现状评价

现状评价即结合已定的馆藏文献信息资源质量综合评价体系，针对已有的馆藏进行现状评估和测定。现状评价结果能够揭示馆藏信息资源建设的现状，同时也能为以后的发展规划提供参考价值。

（三）按评价范围分类

根据评价范围要素，信息资源建设评价可分为微观评价、中观评价和宏观评价三种类型。

1. 微观评价

微观评价一般是指对单个图书馆的信息资源建设质量评价。要对图书馆的基本活动单位的建设情况有所了解通常就会选择微观评价。

2. 中观评价

中观评价是指地区性、行业性信息资源建设质量评价，它所反映的是地区、省、市或行业部门等中等范围内信息资源建设情况。

3. 宏观评价

宏观评价是全国性的信息资源建设评价，可反映国家内整体信息资源共知、共建、共享的效果。就我国信息资源建设而言，宏观、中观、微观相当于三个不同的范围层次。信息资源共知、共建、共享的整体效应，依赖于这三个不同范围层次的相互支撑、相互协调、相互融合而得以实现。

五、高校图书馆馆藏信息资源评价的内容

（一）印刷型信息资源评价内容

印刷型资源类型很多，通常高校图书馆印刷型馆藏信息资源的主体是纸质图书和纸质期刊，其评价一般包括数量、质量、利用情况三个方面，每个方面都有相应的评价指标，部分指标同样适用于馆藏电子图书和电子期刊的评价。

1. 数量评价

（1）馆藏保障率

馆藏保障率指每位读者平均占有图书馆馆藏数量，即图书馆馆藏总册数与读者总人数的比率。馆藏保障率是馆藏评价的重要数量指标之一，也是评价图书馆馆藏规模是否合理、馆藏量是否适中的重要指标。

（2）学科覆盖率

学科覆盖率指各学科领域的文献信息资源在整个图书馆馆藏文献信息资源中的比重，可以衡量一个图书馆在某学科上的文献收藏程度。不同的高校可以依据自身办学特色和重点学科，将优势学科的相关文献信息资源进行重点保存和收藏，对于其他学科也要达到满足用户需求的程度。在运用学科覆盖率这一指标时，不仅要统计有关学科文献的缺藏率，而且应对无关学科的多藏情况也进行统计和分析研究。

（3）专业文献与非专业文献的比率

专业文献是高校图书馆的重点收藏对象，其数量要占优势。高校图书馆专业文献数量一般应占馆藏资源的 70% ~ 75%，如果低于 70%，教学、科研需要的文献就会受到限制，如果高于 75% 就会侵占非专业文献的数量，广大师生德、智、体、美及业余文化生活需要的文献就得不到满足。非专业文献是高校图书馆一般收藏对象，通常占馆藏数量的 25% ~ 30%。

（4）馆藏增长率

馆藏增长率指年人均馆藏增长量，用以评价馆藏增长的数量是否科学合理。馆藏

增长量太低，会造成馆藏资源贫乏，知识更新速度不够，读者利用会受到限制；馆藏增长量过高，则会造成大量无用文献资源进入图书馆，资源利用率下降，馆藏规模效应递减，不够经济合理。目前，教育部对高校本科评估合格标准的要求为学生人均年进新书 4 册。

2. 质量评价

（1）文献资源内容

读者利用文献的目的主要是获取文献资源中的知识信息，因此，文献资源的内容，即知识信息含量是满足读者需求的关键，对文献资源内容的评价即是对知识信息含量的测定。目前，比较客观的文献资源内容评价标准是考察核心馆藏的占有率。美国图书馆学家特鲁斯威尔总结了“二八率”，他认为图书馆百分之二十的文献信息资源能够满足百分之八十的读者的阅读需求，然而其余的百分之八十的文献信息资源仅仅只能够满足百分之二十的读者的需求。这一定律不仅为文献资源的搜集、订购、完整性收藏提供了依据，而且为情报容量的测定提供了依据。

高校图书馆面对庞大的出版发行信息，不能盲目选择，应合理地利用图书馆经费，保证学术价值高、内容新颖的核心文献的收藏。对于纸质图书，80% 的流通量一般集中于 20% 的馆藏，这表明这部分的馆藏的知识信息含量与利用率均高，也就是我们通常所指的“核心馆藏”。采选中文图书时，可以参考学科核心书目、《中国出版年鉴》中的获奖书目、当当网排行榜书目等，外文图书可参考中国图书进出口公司出版的新书书目，保证核心图书的入藏，以便提高馆藏质量。中文期刊的选订，可以利用北京大学四年一版的《中文核心期刊要目总览》；外文期刊文献的订购，可利用《期刊引证报告》（Journal Citation Reports，JCR）或《乌利希国际期刊指南》（Ulrich’s International Periodical Director），确定核心期刊的入藏。

（2）文献资源结构

文献资源结构是构成文献资源体系的各因素的相互关系和构成方式，它是文献资源评价的重要内容。文献资源结构主要包括学科结构、等级结构、文种结构、时间结构和文献类型结构。

①学科结构。指各学科文献资源的比例结构。学科结构体现了图书馆文献资源的学科分布，是文献资源结构一个最基本的构成面。统计各学科文献的比例，分析其与图书馆的性质任务、读者需求的适应程度，有利于判断图书馆专业文献资源的特色是否形成，并及时优化馆藏学科结构。

②等级结构。高校图书馆会依据文献信息资源的珍贵程度、利用价值以及读者不同层次的需求来将馆藏信息资源划分成不同的等级，即收藏级别，代表不同文献的不同收藏目标。这个等级结构可以用来考察各学科领域收藏的文献信息资源达到了什么

样的水平，包括最低级、基础级、大学级、研究级和完整级。

③文种结构。即馆藏文献的文种比例，外语和中文的比例。不同高校图书馆读者掌握的语种状态也不尽相同，要评价馆藏文献信息资源的文种比例，了解其是否和读者掌握情况相符合。通常情况下，对于一所研究型大学图书馆来说，一门学科的外语文献信息资源比重越高，科研能力越强。

④时间结构。即根据文献信息资源出版的时间来评价和考察文献资源结构。要保证馆藏的文献信息资源随时充满活力，就需要图书馆收藏合适的、新的文献信息资源，并且还要注意数量，在总馆藏所占的比重不能失衡。可以利用文献的半衰期来评估，即看某学科可以利用的、最新文献的一半是何时出版发表的。从这个半衰期可以大致推断出新的文献信息资源在该门学科能够持续的时效性是多久。不同学科的半衰期不一样。根据不同学科半衰期不同的特性来有针对性地调整对于相应文献信息资源数量的收藏。

⑤文献类型结构。即统计馆藏中不同出版形式、不同载体文献的比例与读者需求的适应状况，主要从入藏数量和使用经费的角度考虑图书期刊比例、纸质文献与电子文献比例。

3. 利用评价

高校图书馆文献信息资源的利用评价能有效掌握文献资源的实际使用情况，根据读者对于文献信息资源的借阅、引用等记录来进行综合评定，探究馆藏文献资源的利用程度及与受众的适配度。根据评定出来的结果可以作出相应的调整，多收藏和引入需求量大的文献，减少需求量小的文献数量，提高文献资源的使用效率，更好地服务于读者。利用评价可以通过以下三个数据来展开：

（1）馆藏利用率

馆藏利用率即在一定的时间内被读者查阅、使用的文献信息资源数量在馆藏的文献总数量中所占的比重，能直观地反映一个学科文献信息资源的使用效率。

（2）馆藏拒借率

馆藏拒借率是指在一定时间内，读者未借到的文献数量占读者借阅到的总数量的比重。由于现在图书馆大多采用图书开架借阅方式，未借到馆藏的数量较难计算，但随着图书馆管理系统的应用，很多图书馆可以掌握读者的图书预约情况，从而了解图书馆复本是否足够，另外读者通过馆际互借或文献传递获取的文献资源，在一定程度上反映了馆藏资源不足的情况。馆藏拒借率计算公式如下：

馆藏拒借率 =（未借到馆藏的数量 / 读者需要借阅的总数量）x100%

通常来说，馆藏拒借率越高，说明图书馆馆藏的数量不足或者质量不高，不能满足读者的借阅需求。可以通过增加样本的方式来增加文献数量，还可以通过馆际互借、文献传递等途径来降低拒借率。

（3）读者满意度

读者满意度反映读者对馆藏文献需求的总体满意情况。一般以读者问卷调查方式获取。馆藏资源建设的根本目的是最大限度地满足读者的文献资源需求。一方面，图书馆的文献资源数量越大、品种越齐全、读者的满意程度越高越好。另一方面，对于某个图书馆而言，不可能也没有必要完全满足所有读者的文献需求。根据布拉德福离散定律，满足读者全部需求要达到的馆藏数量，比满足 80% 读者需求的馆藏数量要增加 5 ~ 10 倍，对于单个图书馆来说是不经济的，同时也是不能承受的。对于图书馆不能满足的读者需求可以通过馆际互借或文献传递的方式解决。

（二）数字信息资源评价内容

1. 数字信息资源评价研究情况

（1）国外数字信息资源评价研究情况

国外对于数字信息资源评价的研究较早，在 20 世纪中期主要致力于研究数字图书馆服务绩效的评价及有关评价指标体系的建立、修订和绩效评价等方面。主要研究成果有 Gail K.Dickinson 在《Selection and Evaluation of Electronic Resources》一书中对各种类型电子资源的选择和评估进行了探讨；[①]Vicki L.Gregory 在《Selecting and Managing Electronic Resources：A How–to–Do–It Manual for Librarians》一书中对电子资源管理过程进行全面阐述，包括馆藏建设政策、采购前的资源选择标准和流程、经费预算、电子资源的组织与访问、版权和许可问题及长期保存等问题；[②]Peter R.Yong 在《Electronic Services and Library Performance Measurement：A Definitional Challenge》一文中总结了统计和其他定性技术应用的背景，图书馆绩效评估产生的核心问题，构建了电子服务统计和图书馆绩效评估概念模型，对图书馆电子资源及其服务绩效评估进行了有益探索。[③]

2000 年以后，有关数字资源评价的研究，从早期偏重电子资源评估和绩效考核向图书馆数字馆藏构建的整体指标体系转移，相继建立了许多评价指标体系，研究更加深入广泛，其中影响较大、较全面、操作性较强的有：ISO2789（Information and Documentation International Library Statistics）在 2003 年的修订版增加一个附录 A：电

①Gail K Dickinson. Selection and Evaluation of Electronic Resources [M] . Engl-ewood, Co：Libraries Unlimited,Inc.，1994：56.

②Vicki L. Gregory. Selecting and Managing Electronic Resources : A How-to-Do-It Manual for Librarians[M]. New York：Neal-Schuman，2000：65-76.

③Peter R. Young Electronic Services and Library Performance Measurement: A Definitional Challenge. The 4th Northumbria International Conference Boston[R]. 2001(8)：12-16.

子图书馆服务使用评价，定义了图书馆电子信息资源和电子范围统计指标及其收集；Tefko Saracevic 在《Digital Library Evaluation：Toward Evolution of Concepts》一文中提供了数字图书馆评价所必需的要素、级别选择、标准、指标和方法；YoungheeNoh 在提高图书馆电子资源评价的当前状态基础上，专门为高校图书馆电子资源评价从电子资源获取、利用和使用环境三个方面选取了 11 个二级指标和 22 个三级指标提出一套详细的电子资源评价体系。此外，国际标准化组织 ISO、国际图书馆集团联盟 ICOLC、国际图书馆协会联合会 IFLA 等组织也纷纷更新、修改和制定新的数字资源评价的标准、统计指标和框架，这些给图书馆数字资源质量评价带来了积极影响。

（2）国内数字信息资源评价研究现状

国内关于数字资源评价的研究起步较晚，并且始于对个案的研究。如 20 世纪 90 年代中后期，随着清华同方（CNKI）和重庆维普（VIP）两大数据库的发行使用，陆续出现一些对这两个数据库的研究和评价的文献，如 1998 年王岩《（中国学术期刊（光盘版））的使用情况分析》，2003 年韩红等撰写的《清华同方（CNKI）与重庆维普（VIP）网络版中文期刊全文数据库的比较研究》，2006 年李丽所撰写的《清华同方（CNKI）与重庆维普（VIP）数字期刊全文数据库的比较与分析》等文章，只注重了数据库的外部特征，侧重于系统和软件的比较，忽略了对资源质量和价值本身的评估，另外也不能兼顾到不同数据库间的差异，不能以同一个标准来进行衡量和比较。2002 年，北京大学的肖珑老师所发表的《电子资源评价指标体系的建立初探》一文，开创了数字资源评价研究的新方向。在文中他提出了一套比较系统的评估方法和指标，给出了电子资源内容、检索系统及功能、使用情况、价值与成本核算、出版商 / 数据商服务、存档六个方面的评估内容和指标。在价值与成本核算部分，给出了数据库价格、数据库价格上涨幅度、检索成本、全文下载成本和登录成本等指标。由此开始，关于这方面的研究不断深入发展，如 2004 年四川大学的张盛强的《数字资源评估指标体系研究》学位论文，2006 年华东师范大学的赵睿杰的《电子资源全程评价指标体系及综合评价模型构建》学位论文等从电子资源的内容、电子资源的整体建设、利用率、用户需要、相关服务等诸多方面进行全程设计，使得研究层面都有了一个较高的发展。再如西南交通大学图书馆徐革围绕数字资源评价指标，采用理论、调查统计和分析方法开展了系列定性和定量评价理论与方法模型研究。这些研究对数字资源评价理论的创建和数字资源评价实践活动的广泛开展无不具有开拓意义。

但是，应该看到，与数字资源评价理论体系的科学构建的内在要求和数字资源评价实践的现实需要相比，已经开展的研究和取得的成果其广度和深度均存在不同程度的差距。主要表现为：

①无论在数量还是在质量上，我国图书馆界在数字资源评价方面的研究成果都比

国外的少，水平也不高，评价理论与实践缺乏互动。

②定性化评价指标居多，定量化指标很少，缺乏可比性。而且因为定量化指标较少且不成体系，在实际评价过程中评估人员感性化成分较多。

③评价指标未能形成科学体系，不能由表及里深入到资源内部或学科内部，评价结果具有表面性。

④评价指标因概念不统一，种类繁多，缺乏可操作性。

⑤因统计渠道不统一，评价需要的相关统计数据不全面。

因此，高校图书馆有必要对数字资源评价指标体系的完备性、科学性及其各种影响因子进行更加深入地探讨、分析和提炼，制定更加完善、科学、合理的定量指标体系；寻求更为有效的方法支撑数字资源评价模型；开发和研究新的、有效的技术手段实现理论与实践的有机结合。如北京大学数字图书馆研究所、中国高等教育文献保障体系（CALIS）管理中心先后设立“数字资源评估”项目、“数字资源与服务评估”子项目，并于2004年发布了《高校图书馆数字资源计量指南》，2007年又对其进行修订，在此基础上，2008年肖珑等学者总结出一套完整的数字资源评估指标体系，并针对这套指标体系提出了应用指南；华东大学图书馆对数字资源的质量评价，比较倾向于信息资源的学术性、权威性等指标。具体针对其购买的15个外文数据库从电子资源的使用绩效评价、引文情况评价两个角度进行了质量评价；利用“基于径向基神经网络的数字馆藏质量评价方法”对山东烟台和威海的5所高校图书馆的数字馆藏作为检测样本，实例证明该方法为数字馆藏质量评价提供了新的途径。①

2. 数字信息资源评价内容

数字资源或数字馆藏，狭义上指经过数字化处理的、借助计算机或计算机网络可以利用的信息资源，一般包括出版商或数据商生产发行的正式出版物、图书馆自行开发的数据库，以及互联网上的免费开放信息资源。其评价一般包括保障评价、质量评价、检索功能评价、虚拟数字内容评价、利用评价、服务评价。

（1）保障评价

保障评价着重考察数据库的数量和类型、价格的合理性，以及对于数据库开放时间、收费标准、网络速度、数字信息设备和布局等能够保障用户获取电子版信息资源的评定。除此之外还有文献传递和馆际互借的可能性，这将拓宽用户获取数字文献信息资源的渠道；还有可以访问专业数据库人员的相关权限信息等。

（2）质量评价

质量评价即评价用户所使用的数据库质量的高低。健全的数字信息资源库应该涵盖各个学科领域，数量也应该足以满足用户的查阅需求。数字信息资源的特点之一是

① 谢双凤．大数据背景下高校图书馆助力“双一流”建设研究[J]. 湘潭大学学报，2021（9）.

查阅方便，因此还应评定数据库是否建立了导航和检索系统，保证用户能够高效快捷地找到自己需要的数字信息资源。同时还要评定数据库是否针对不同受众群体建立了个性化的专题数字馆藏系统，并且及时更新相关网络页面。对信息加工能力的评价也是质量评价的重要环节之一，对信息的加工程度越深，越能更好地满足用户的需求，同时要保证考察数字信息资源的准确性。

（3）检索功能评价

检索功能的评价主要是评价用户使用的检索工具是否方便快捷，是否能有效提升检索效率。检索平台和页面要清晰，检索方法能够被大多数用户所使用。同时还要评价其是否能够拓宽功能，为用户提供打印、邮件发送等额外功能。

（4）虚拟数字内容评价

虚拟数字内容评价主要考察数字信息资源的内容是否能够为用户所用，这体现在几个方面，包括：数字文献信息资源的内容是否科学合理，是否具有权威性、完整性和精确性，是否与馆藏建设的发展方向一致。除此之外还要具备时效性，内容不能老旧过时，同时又能体现重点学科特色。

（5）利用评价

利用评价主要评价用户对于数字文献信息资源的利用程度，可以通过统计平台人数的访问量、网页链接的点击量、线上人数总量等来了解和掌握数字文献信息资源数据库的利用情况，分析其对于用户需求的满足程度。

（6）服务评价

服务评价主要指用户利用数字信息资源所提供服务的评价。主要包括考察其是否设立了专门的收集用户意见的板块、对于用户提出的意见和建议是否有回复和反馈、是否及时答复用户提出的疑问并解决用户提出的不合理问题等。还要为用户提供资源利用的访问权限，结合用户的需求不断改进自身各种功能和服务，考察有无并发用户限制等。

第二节 高校图书馆信息资源建设评价指标体系构建

评价指标体系是一套具有内在联系的、形成一定层次结构的、能全面反映系统总体目标和特征的指标集合体。对于复杂系统的评价，人们通常会将其看作一个整体，通过对这个系统的若干特征因素来进行全面综合的系统评价。

一、信息资源建设评价指标体系构建的原则

评价指标体系的制定，是图书馆评价活动中最为重要的环节，其科学性、合理性直接影响着评价质量效果。制定评价指标体系通常要遵循一定的原则，如整体性原则、目的性原则、主观视角多面性原则、模糊性思维的原则、动态性原则、科学性原则等，下面将分别予以讨论。

（一）整体性原则

图书馆信息资源建设是一项复杂的系统工程，这就要遵循整体性原则，系统安排各组成部分协调发展。高校图书馆信息资源建设的评价体系建设也同样需要如此，要先从整体出发，又要兼顾评价对象的各方面情况，不能仅从某个方面去进行评价工作。建立评价指标时要合理地规定指标数量，按照一定的标准来进行相关工作，这样有一个系统的指标才能科学地去达到评价的目的，而确定层次和指标没有绝对的标准，一般只从对信息资源本身所表现出的特征，以及信息资源对用户需求的满足能力和被利用程度方面考虑即可。选择评价指标，既要考虑正效应指标，也要考虑负效应指标。只有形成全方位的指标体系，才能保证评价内容的完整性。

（二）目的性原则

信息资源建设评价活动无论是从指标体系的制定、相关数据的收集到用户意见的调查，还是从评价方法的应用与计算，直到得出结果，都是一项复杂的系统工程。对于这项复杂的系统工程活动，可以在信息资源建设的不同阶段和不同层次展开，评价目标对象可能是信息资源建设工作的总体质量、信息资源体系的保障能力，也可能是文献询价采购的方案优选、入藏文献信息的知识情报容量等。信息资源建设评价活动的最终目的都是希望通过评价，达到纵向或横向比较，找出问题和差距，寻求改进工作的最佳质量点，为后续工作的科学决策和方案优选提供科学依据的目的。因此，在评价的过程中，一旦确立了要评价的对象，在指标的选取上面就要有明确的目标和方向，不能盲目、无目的，选取地的指标要能够客观又贴切地反映相关内容，尽量贴合实际，避免指标与评价对象和内容无关的情况出现。

（三）多视角、多面性原则

在信息资源建设评价中，“评价者”是质量概念的主体信息资源，是评价的客体。评价者包括读者、社会信息用户、图书馆馆员等，其中读者又有不同范畴。高校图书馆主要面对学生、教师、科研人员和一般的信息需求者，公共图书馆则要面对各行各业不同类型、不同需求层次的读者。因此，不同主体由于所处于的环境空间不同，就会从各自的角度出发，本着不同的原则理念，做出不同的评价。同时，馆藏信息资源本身所具有的各种因素也造成了评价指标的多维性，因此，在选择指标时一定要尽可

能覆盖评价内容，避免因遗漏，使得评价结果出现偏差。综上所述，制定评价指标过程的同时，对于评价主体的广泛性和评价客体的复杂性，要学会从多视角、多维度（如资源维度、用户维度、社会维度）去考察指标体系的可行性和实用性，在最大程度上避免评价指标与评价方法的缺陷。

（四）模糊性思维的原则

评价是一种由意识决定的行为，在许多评价指标体系中，存在一些难以用明确数值来界定的定量指标。尽管在制定评价指标体系过程之前已对主体用户和客体资源进行过详细分析，对指标的确立和指标量化的途径也进行过周密考虑，但其结果仍然或多或少地存在着某些缺陷。此时，即使取得较全面、较理想的效果，也只是暂时的，因为信息资源建设本身存在某些模糊性和不确定性，评价者观察角度也有所不一，评价思维方法也不可能强求统一。在上述情况下，就可以使用模糊数学的思维模式。模糊性思维是把数学那种抽象的思维模式应用于高校图书馆文献信息资源建设评价体系中，从复杂的现象中追寻其发展演变的规律，从而提高效率。模糊性也是评价指标体系的客观性和灵活性的反映。

（五）动态性原则

评价的动态性主要体现在信息资源建设在时间和空间上不断发生变化。信息资源体系是“一个生长着的有机体”，信息的输入与输出不断发生流变，导致其某些属性发生改变。高校图书馆的文献信息资源建设是一个长期的、不断变化的过程，是动态发展的，每个发展阶段都有其不同的建设内容和方向等，除此之外，现代信息技术高速发展，用户的需求也是在不断变化的。

用户既是信息资源的使用者，又是信息资源建设的评判者，随着需求心理和需求行为的变化，每个评判者随时都有改变角色的可能性。这就是说，主体评判者也具有动态性。因此，信息资源建设的评价方法和指标体系必须力求适应这种动态性的特征，根据变化和需要不断做出相应的调整和修正，使不同类型、不同层次的信息资源建设内容都能在评价指标体系中得到体现。

（六）科学性原则

坚持科学性原则是保证评价指标体系建立的重要基础，只有用科学的态度和方法去进行文献信息资源建设的评价工作，才能提高评价结果的准确性，这要求高校图书馆在评价的过程中保持以下三个特性：

1. 准确性

所有指标均应体现现实信息资源建设的水准，力求较为科学地揭示信息资源建设的本质和规律。

2. 可测性

即选择的评价指标必须是可以被评测到的、具体的，要使用便于收集、整理和处理的数据资料。

3. 可比性

同类的指标要有可比性，量化指标，同时处理好定性指标，达到定性与定量相结合的目的。只有充分考虑这些原则，所构建的指标体系才能有助于提供实际评价的科学性和合理性，提高评判者和决策者们的信任度。

二、信息资源建设评价指标体系的构建过程

评价指标体系的构建应根据实际情况，对不同评价对象和评价目标采取灵活的处理方式。总体上来看，构建信息资源建设评价指标体系的具体过程如下：

（一）明确评价意图

明确评价意图，首先要搞清楚评价的对象是什么，评价要达到什么目的。同一评价对象，如果评价目的不同，对评价的理解及所涉及的内容就可能有所不同，所建立的评价指标体系也会有所差异。这里的评价对象是图书馆信息资源建设的整体状况以及各个不同的侧面，明确将图书馆信息资源对社会需求的满足能力和信息被利用程度作为评价的基点。所以，评价指标体系就要围绕这个主题展开，通过评价找出最佳质量点，获得决策依据，以达到适时有效地调控馆藏资源建设发展过程的目的。

（二）筛选测评指标与被评对象

有关的因素很多，这些因素有的在测评指标中起着主导作用，有的则只起次要作用。针对评价对象和评价目的，选择什么样的测评指标是建立评价指标体系的关键一步。选择测评指标的一般原则是看其在评价过程中所起的作用大小。在筛选测评指标之前，可以先对评价对象进行全面调查分析，对所有相关因素都尽可能做到心中有数，然后再对松散状态的指标进行重要性比较和排队梳理。其中，极重要、重要的因素都可作为测评指标。而那些对评价结果不产生影响的因素，以及仅仅具有较小影响作用的因素，或者说评价价值较低的因素就应该予以排除。此外，还需要恰当地限定指标的数量和层次。一般认为，应以尽量少的主要指标运用于实际评价工作。如果指标数量太多，层次过于烦琐，就可能造成轻重不分、主次不明，进而降低评价的准确度。同时，也会加大评价的工作量。如果指标选择太少，过于粗略，则不能反映评价对象的本质特征，达不到良好的评价效果。

（三）建立评价指标体系

指标的集合是松散的集合，要对其做出正确评价，就必须理顺它们之间的相互关系，进而形成一个互为关联的体系。因此，在筛选出评价指标后，还必须建立指标的

结构体系，使各项指标元素之间形成质的联系。建立评价指标体系时，所采用的行之有效的方法是层次分析法中的递阶层次结构模型，以指标间相互制约关系为纽带，建立起相关的树状层次结构指标体系。但要注意，在所形成的评价指标体系中，各项指标都必须依照其支配关系而存在，而且只考虑一种主要的支配关系，不允许出现指标循环制约关系。

（四）检验与优化

建立任何评价指标体系，都必须通过实践检验，并根据实际情况进行必要的修正。信息资源建设本身就是一个反复深化、不断创新的过程，评价指标体系也需要随着信息资源建设体系的变化情况，不断完善和优化自身，才能始终保持指标体系的客观性与实用性。

（五）确定评价指标体系根据

依据上述分析，图书馆信息资源建设评价指标体系最终确定为：

1. 读者满意性指标

读者满意性指标包括数字化资源，由网络信息资源数量、数据库、电子文献数量、网络服务水平组成；非数字化资源，由各类纸质文献数量、纸质文献质量、纸质文献宣传、纸质文献管理水平组成；技术设备，由图书管理系统、多媒体阅览室、各种计算机硬件、各种计算机软件、复印设备、打印设备组成。

2. 馆藏特色性指标

馆藏特色性指标包括特色文献收藏，由古籍、名人字画、学科特色文献、地方特色文献、类型特色文献、文种特色文献组成；特色文献开发，由摄影，摄像，录音，民间故事、歌谣、谚语、民间风俗、族谱的深加工，特种教育资料，专题述评，进展报告，动态综述，未来预测组成；特色数据库，由综合信息库，成果库，专家库，文献信息库，法规、专利、标准数据库，地方特色数据库组成。

3. 结构性指标

结构性指标包括数字与非数字资源的比例，由电子与纸质图书的比例，电子与纸质期刊的比例组成；读者结构与信息资源的契合度，由信息资源总体结构与读者类型结构的相关性，藏书结构与学科结构的适应性，信息资源总体数量与读者数量的比例组成；基本馆藏与其他馆藏的比例，由外文信息资源与中文信息资源的比例，基本馆藏与特色馆藏的比例，重点学科与其他学科信息资源的比例，图书与期刊的比例，高级研究类与基础类信息资源的比例，新旧信息资源比例组成。

4. 效益性指标

效益性指标即评价指标体系的具体价值和收益等，包括该指标对于社会的促进作用、提高读者素质的程度、读者对图书馆文献资源的满意度、读者对图书馆服务的满意度组成；信息资源利用率，由纸质文献外借、内阅量，馆际互借量，数据库利用率，电子文献利用率，知识情报提供，复印传送量，信息宣传教育，远程信息传送量组成；经济效率，由信息服务各种直接经济收入组成。

5. 安全性指标

安全性指标包括各种安全预防硬件设施，如消防设施、各类防盗设备、温度湿度控制、不间断电源可靠性、防雷电设备、防磁场设备、防静电设备等；安全预防软件设施，如杀毒防毒过滤软件与技术、操作系统稳定度、数据库备份、数据库加密，同时还需要加强工作人员的安全知识与安全意识。

第三节　高校图书馆文献信息资源评价的方法

一、高校图书馆馆藏信息资源评价的流程

高校图书馆馆藏信息资源评价是一个循环往复、周而复始的过程，一个循环的结束是另一个循环的开始。首先，提出馆藏信息资源评价要求是什么。评价要求不同，组织评价专家组所选取的专家就不同。评价专家组成立后，就要确定评价的对象是什么，评价的目标是什么。同一评价对象，如果评价目标不同，对评价的理解及所涉及的内容就可能有所不同，所建立的评价指标体系也会有所差异。评价指标体系建立后，就要收集相应的信息数据，选择合适的评价方法，然后进行评价实施。最后，通过评价分析获取评价结果，为信息资源建设提供最优建设方案和最新的决策依据，以便制定新的发展目标和发展策略，从而进入下一轮系统循环和评价过程中。信息资源评价的主体不仅仅是图书馆员、图书馆专家，更多的应是所有的读者和信息用户，评价对象应是所有的馆藏信息资源及信息资源对主体需求的效应关系。

随着电子资源、网络资源的不断涌现，图书馆服务理念的不断提升，馆藏信息资源评价的内容变得丰富而复杂，为此馆藏信息资源评价方法也应与之相适应，除了简单的定性和定量评价方法之外，定性与定量相结合的综合评价方法已被广泛应用于图书馆信息资源评价。传统的评价方法，如书目核对法和引文分析法，仍然是馆藏评价的重要工具。然而，为更全面系统地评价馆藏资源，特别是馆藏数字资源，用户调查法、多指标综合评分法、层次分析法、模糊综合评价法等现代评价方法，也运用于馆藏评

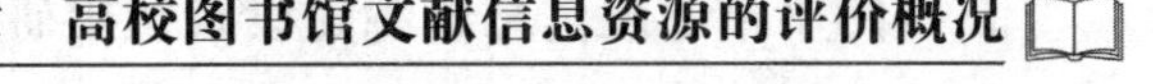

价的研究与实践之中。下面分别介绍印刷型信息资源和数字信息资源的馆藏评价方法。

二、印刷型馆藏信息资源评价方法

印刷型馆藏信息资源评价通常指传统意义上的馆藏评价，主要从馆藏数量、馆藏质量、馆藏结构和馆藏利用效能等方面进行，评价主要侧重于本馆馆藏体系的完整性、系统性和学术性。我国对馆藏评价的探索主要以理论研究为主，近年来借助图书馆集成系统的统计功能，从藏书结构、图书利用率等方面入手，在一定程度上推动了传统馆藏评价的实证性研究。

印刷型馆藏信息资源评价方法主要包括以下九种：

1. 自我评价法，每季度一次。自我评价法是高校图书馆有关管理人员对馆藏资源从不同侧面进行评价。包括：①采访人员的评价：信息资源增长量是否科学、合理；信息资源文种结构、类型结构是否合理；信息资源的知识信息含量是否适合于高校办学的需要、信息资源出版时间是否较新等。②流通人员的评价：读者对信息资源的利用率情况。如利用图书馆管理软件，统计某一段时间内图书的借还情况；期刊可利用复印登记作为利用依据。③馆藏发展研究人员的评价：人均拥有的馆藏数量是否达标；信息资源的学科结构、专业文献与非专业文献的结构比例是否合理；文献覆盖率和核心文献的占有率是否较高等。

2. 读者评价法，每个月一次。即通过网络调查、问卷发放或者口头访谈等方式来征求不同读者对于馆藏的不同意见，及时了解读者对于馆藏利用的相关建议、相关需求。图书馆工作人员应该积极主动地去与读者沟通交流，和读者之间形成相互联系的纽带，这样能够提高图书馆的服务水平，使其文献信息资源的利用更能贴合读者需求，更好地推动文献信息资源评价体系的健全发展。

3. 专家评议法，每 2 ~ 3 年一次。它实际上是一种定性调查与评价的方法。专家评议法是一种采用规定的程序，由各学科专业领域的专家学者根据图书馆的方针和发展目标，对图书馆某一特定学科领域的信息资源进行调查和检验，依靠专家的知识和经验，通过综合分析研究，对特定学科的馆藏价值及其存在问题做出判断与评价的方法。专家评议法有集思广益的优点，有利于对图书馆馆藏做出综合评价。但在评议过程中，应注意屏蔽各种有可能导致评议结果失真的不利因素的产生，真正发挥专家评议的作用。

4. 统计分析法，每季度一次。这种方法是利用计算机技术来对图书馆文献信息资源馆藏各方面的数据进行分析，如馆藏文献信息数量、规模、利用率、流通率、拒借率等，根据统计出来的结果进行分析和评价。这种方式直观有效，从数据结果出发，能够针对不同结果从不同方面作出相应的调整和改进。这个方法也是图书馆中使用最广泛的方法。使用这种方法时数据更易于统计，因此可以每个季度统计一次（时间间隔再短，则差别不明显），以便根据统计结果改进馆藏资源建设工作和相关读者服务工作。

5. 书目核对法，每年一次。高校图书馆会选择一些标准馆藏目录来作为评价的参考，这个标准馆藏目录一般是核心书目或者具有权威性的书目，科学性较强。通过对比分析某学科领域文献书目与标准馆藏目录，可以核实出需要修改或者完善的部分。比如可以用《中文核心期刊要目总览》来对比查看本馆的期刊收录情况，找出缺少、遗漏的部分及时补充。书目核对法可以检查图书馆藏书结构是否合理、完整，以便及时修正次年的采访计划，调整不合理的藏书结构比例，有针对性地进行藏书补充。

6. 引文分析法，每两至三年一次。学术型论著一般都有许多注释，引文分析法就是利用查找注释的具体出处，来检查作者引用的参考文献是否被本馆收藏利用。但是并不是每一处注释的参考文献都需要查明使用情况，高校图书馆需要辨别出具有科学价值、有代表性和权威性的部分，且选出来的著作或论文应具有普遍意义，这才能让引文分析法有较高的可信度和科学性，从而能更好地评价图书馆馆藏文献信息资源的利用程度。因此，比其他方法更具有针对性和灵活性，还可以用此方法来确定本馆或某学科的核心书刊，它不仅能对过去情况进行检查，而且还可能借此测定未来的需求模式。

7. 馆藏结构分析法，每五年一次。高校图书馆每五年会全面分析其馆藏的学科专业、文种、类型、数量等方面，来查看其结构是否合理。馆藏结构分析法是一种综合的评价方法，要求进行多项统计，分析大量的数据，还要结合读者的需求来判断和评价其馆藏结构的合理程度。这种分析法工作量很大，程序较为复杂，而且对于高校图书馆来说，2 ~ 3 年内的藏书结构及读者需求结构通常变化不大，所以，建议 5 年评价一次为宜，具体可以视本馆的年进书量及其他特殊情况而定。

8. 评分法，每 2 ~ 3 年一次。馆藏资源的评价比较复杂，单纯用某一种评价方法评价馆藏资源质量的高低难以准确、客观和全面，因此，可以考虑定性与定量相结合并用模糊数学、经济学等方法进行分析评价。如利用层次分析法，结合实际情况，构建指标体系，建立评价模型，采用定性和定量评价相结合的方法进行馆藏资源的评分。定性方法简单易行，适用性较强，有的因素难以量化时，可以采用定性评价法；定量评价法具有客观性、准确性，两种评价方法相结合进行评分可以互相取长补短，贴近客观实际。

9. 综合图书馆联机系统报告的方法。图书馆计算机管理系统能提供手工方式下难以获得的统计资料，尤其在描述藏书利用状况时特别有效。我国各高校图书馆利用来自汇文图书管理系统的流通数据，很容易确定新入藏的某一学科领域文献在当年入藏文献中所占流通比例以及每种文献借出数量，由此判断藏书供需是否平衡。这些数据还能够区分不同学科领域中的图书馆服务程度，为馆藏经费的分配提供参考。[①]

评价纸质文献信息资源的方法和途径还是很多的，但是大部分方法都是只针对馆藏的某一个方面、某一个领域来进行评价，很难全方面地、系统地评价整个馆藏体系，因此要结合多种方法来进行纸质文献信息资源评价。

三、数字馆藏信息资源评价方法

数字馆藏信息资源评价开始之初就借鉴了传统馆藏评价的经验，采用了定性和定量相结合的方法，来测评达到目标的程度。随着数字资源评价研究发文量的逐年增多，许多学者从不同的角度对数字资源评价方法进行研究，目前常用的方法有：层次分析法、德尔菲法、模糊综合评价法、文献计量法、横向比较分析法、纵向比较分析法、使用成本分析法、用户满意度分析法等。

1. 层次分析法

层次分析法（Analytic Hierarchy Process，AHP）是美国运筹学家托马斯·萨蒂（T.L. Saaty）教授于 1977 年在第一届国际数字建模会议上提出的一种定性与定量相结合的、系统化的、层次化的分析方法。

层次分析法即把一个复杂的、系统的问题根据性质、目标的不同，按照一定的重要程度，分解成不同的组成因素，再根据各个因素的从属关系、重要程度等进行分类和重组，形成一个有序的层次结构。每个层次的重要性是不一样的，通过两个层次之间相互比较，再结合对客观现实的判断来用定量的方式反映不同层次中的元素，从而进一步建立一个判断矩阵。建立好了矩阵之后，运用数学计算来得出每个层次的矩阵中各项指标的相对重要性权数，最后再将这些权数排列组合得到整体指标的目标重要程度权数。

层次分析法的优点在于其简便、灵活、实用，又不失系统性，能对较为复杂、较为模糊的问题做出决策，特别适用于那些难于完全定量分析的问题。决策者可通过层次分析法将对问题的主观认知结构化、数字化、模型化，并将影响问题的定性和定量因素有机结合起来，用一种统一的方式进行处理，进一步研究问题系统各组成因素的相互关系，进行决策分析。层次分析法的缺点是该方法在很大程度上依赖于人的主观经验。虽然方法中运用了一致性检验，但只能排除思维过程中的严重非一致性，却无法排除决策者个人可能存在的片面性。

2. 网络计量评价法

网络计量评价法是指在网络环境中运用的文献计量、科学计量、信息计量等方法，对网上各种信息资源的组织、存储、分布、传递及相互引证等做出定量描述并进行统

① 孙书霞 . 高校图书馆印刷型馆藏评价研究 [J]. 科技情报开发与经济，2010（17）：14-16.

计分析。网络计量评价法较为客观，近年来的电子资源评价通常都包括以网络统计数据为基础的评价指标。通过对日志文件的统计分析，可揭示一段时间内服务器所接受的访问次数，用户浏览网站的过程，以及用户下载数据的情况，通过图书馆的统计系统来进行数据分析。目前我国图书馆在电子资源的购买途径上有较多选择，电子职业的访问方式也多种多样，有些可以直接访问，有些则需要代理服务器授权，如远程访问、本地镜像等。如果要在实际评价中运用网络计量评价法，需要在设计数据统计技术结构的时候明确图书馆、供应商等收集用户利用信息的责任。

网络计量评价法从理论上讲，是一种系统、客观、规范的数量分析方法，评价结果相对客观，便于各图书馆之间做横向比较，是网络信息资源评价的一个重要发展方向。但在进行电子资源的评价时，该方法目前还存在许多问题，如数据信息的链接与引用的关系问题直接影响到各种定量指标数据捕捉的实时性、完整性和可靠性。

3. 用户满意度评价法

用户满意度是较为直观和简单的一种评价方法。电子资源服务的对象是图书馆用户，由用户来对电子信息资源的服务程度作出相应的评价，可以高效地了解电子信息资源的利用程度。一般可以采取线上和线下结合的方式来调查用户的满意度，如发放电子调查表及线上问卷调查等，或者可以直接面对面与图书馆用户进行交流，得到他们关于电子信息资源的意见反馈。可以从不同用户群体的口中了解对于电子信息资源建设的满意程度，最后达成一致的评价结论，作出结果分析报告。

用户满意度评价法实施起来比较轻松快捷，可以对电子资源进行某个方面的简单评价，如质量、数量和利用程度等，但如果要对电子资源进行一个全面的评价，采取用户满意度评价法就难以实现。因为电子数据库是一个十分庞大的系统，电子信息在类型、格式等方面的问题也是十分专业的，用户并不关注和了解相关信息，所以无法全面了解电子信息资源建设中需要改善的地方。

4. 成本效益分析法

成本效益分析法的概念是由 19 世纪法国经济学家朱乐斯・帕帕特首次提出的，它是以经济学角度衡量资金投入的合理性，研究如何以较少的成本获得最大的效益，以便更好地对资源的配置进行优化。即从经济学的角度出发，研究如何合理投入使用资金，使其发挥最大价值。高校图书馆数字信息资源建设过程中坚持成本效益分析法，可以让管理阶层比较清楚直观地了解到投入的资金流动和使用情况，其经济收益是否在可接受范围内，从而来决定是否继续购买该数据库资源。成本效益分析法从两个方面来进行评估，即成本评估和效益评估，包括其投入的资金、成本如检索成本、网页维护成本、下载成本等。

第五章　高校图书馆文献信息资源的保障体系

高校图书馆信息资源保障体系的构建能够让整个信息资源建设过程中规范化、科学化，是文献信息资源建设工作中的重要组成部分，对于保障用户的信息需求起着不可代替的作用。本章主要介绍高校图书馆信息资源体系建设情况。

第一节　高校图书馆信息资源保障体系建设概述

一、信息资源保障体系的概念及最终目标

（一）信息资源保障体系的概念

为了便于收集、储存、传递、开发和利用信息，一个地区范围内各种类型的信息机构如图书馆、档案馆、网络中心、信息中心等协调合作，根据一定的规范来建立起信息资源保障体系，便于各个机构之间沟通交流、协作共赢，共同促进信息资源的建设。在这些机构中，高校图书馆占据着非常重要的位置。

（二）信息资源保障体系的最终目标

建设这样的信息资源保障体系，是为了完成文献信息资源的整合与共享，最大限度地满足用户的信息资源需求。通过各机构分布合理、结构科学的资源网络，来将各信息资源联合起来，实现横向共享、纵向传承，试图发挥信息资源的最大用途。

信息资源保障体系的最终目标可以分解成若干子目标，并通过各层子目标的集合，来保证最终目标的实现。信息资源保障体系的子目标包括以下几个方面：

1. 信息收集与积累

这是建立信息资源保障体系的基础，其具体目标包括以下几方面：

（1）各级各类信息资源机构在各个层次上开展信息搜集的分工协调，避免信息搜集的重复和遗漏，提高整体文献资源的完备程度，其标准“应力求满足用户对国内出版物需求的 100%，对国外文献的满足率应在 90% 左右”。

（2）整体规划信息资源建设，改变“大而全”“小而全”的藏书发展模式，建立各信息资源机构有重点、有特色的专门化的信息资源体系，实现信息资源在学科上的合理配置。

（3）对信息资源的地理分布进行宏观调控，整体布局，改变信息资源在某些地区过分富集，某些地区极度贫乏的不均衡状态，实现信息资源在地区间的合理配置。

（4）联合收藏文献，储存那些具有科学性和学习价值的文献，建立一个专门的文献储存收藏系统，当社会上有相关需求时，能够提供相应的文献信息资源给用户使用。

（5）在网络环境下，信息资源保障体系在信息的收集和积累方面的目标是：建立现实馆藏与虚拟馆藏、印刷型文献与其他各种文献载体相结合，文献检索与原始文献提供相结合的信息资源优势互补与资源共享的保障体系。[①]

2. 书目控制

有效的书目控制是信息资源保障体系充分发挥其功能的重要条件，其具体目标有：

（1）完善国家书目：包括健全出版物呈缴制度，扩大国家书目的文献信息网罗度；运用计算机技术生产国家书目，加快国家书目出版速度，缩短书目报道文献的时差；采用标准著录，增加检索途径。

（2）实现在版编目和集中编目。

（3）建立联合目录报道体系，及时、全面、广泛地揭示各信息资源中心的馆藏文献信息。运用计算机编制联合目录，同时生产联合目录数据库。

（4）建立和完善检索刊物体系，包括增加检索刊物的数量、扩大报道文献的覆盖率、缩短报道文献的时差、提高检索刊物标准化程度以及实现刊库结合。

3. 馆际互借与文献传递

它是信息资源保障体系的重要运作方式，其具体目标包括：（1）实现馆际互借与文献传递的系统化、网络化，对全国的馆际互借与文献传递工作进行全面规划，建立协作协调机构来组织馆际互借与文献传递工作，制定统一的馆际互借与文献传递规则来规范馆际互借与文献传递行为，从而使我国的馆际互借与文献传递形成有序运行的系统。（2）扩大馆际互借与文献传递的规模和范围，积极开展国际互借与国际传递，促使文献资源更加广泛地被利用。（3）以现代技术装备文献传递网络，保证实现信息的远程实时传递。

4. 信息检索

它是优化信息资源保障体系传递功能的重要技术手段，具体目标包括：

（1）网络公共查询：包括联合目录数据库、成员馆馆藏目录数据库和其他共享

① 邱奉捷，张若冰．图书馆数字资源版权管理战略规划研究 [J]. 图书馆杂志，2014（6）：29–33.

数据的查询。用户可以通过Web浏览器或客户软件实现“一站式检索”，即用户一次性输入检索要求，一次性显示检索结果，查询感兴趣的书目记录或请求文献传递。

（2）联机检索：扩大联机检索的范围和规模，全国只要有网络覆盖的地方都可以成为网络终端，并与世界上主要的信息系统相连，用户在办公室或家里就可以查询到分布在全球的数据库的信息。

这四个目标相互协作、紧密联系，有利于逐步落实信息资源保障体系的最终目标。

二、高校图书馆信息资源保障体系内涵、地位与作用

（一）高校图书馆信息资源保障体系内涵

高校图书馆信息资源保障体系从性质上来说属于一种信息服务系统，最终的目标是满足用户个性化的信息需求，通过对于信息资源的收集、整理、存储、开发、共享和利用，来为信息的收藏、交流和传递提供可用途径，有利于促进高校的学科建设和信息资源建设，是国家知识基础设施的重要组成部分。

（二）高校图书馆信息资源保障体系建设具有重要地位与作用

1. 信息资源保障体系是高校图书馆信息化建设的核心内容

信息化建设是高等学校建设的重要组成部分，信息化水平的高低直接影响其整体办学水平、学校形象和地位。2015年，教育部制定的《普通高等学校图书馆规程》[①]指出，高校的图书馆作为学校的文献信息资源中心，为学校的师生、专家提供学习和科研所需的信息资源，对学校的教学水平、科研能力起着重要的影响作用。高校图书馆的水平在一定程度上也反映了学校的总体水平，图书馆的发展应该适应并且能够促进学校的发展。高校图书馆信息资源保障体系的建设，为实现校内信息资源与服务的合理化规划、分配和利用提供了可靠、安全、科学的保障。

2. 信息资源保障体系的建设和服务水平是高校图书馆总体水平的主要标志

信息资源保障体系在高校图书馆信息化建设的核心地位毋庸置疑，其信息资源建设和信息服务水平是体现高校图书馆总体建设水平的主要标志。国内外著名的大学无一例外的是其图书馆的发展水平也是遥遥领先。高校图书馆对学校的教学和科学研究工作起到了重要的作用，因此，信息资源保障体系的建设水平直接影响着高校的核心竞争力。

3. 信息资源保障体系是高校图书馆信息用户获取信息资源的最主要渠道

高校图书馆的信息资源保障体系不仅是学科建设、高素质人才培养的文献信息保障基地，也是高校开展知识创新和技术创新的重要信息源泉。高校图书馆对信息资源进行筛选、加工、整理、存储以后，为用户提供检索和利用的途径，较好地满足用户

① 教育部高等教育司．普通高等学校图书馆规程，2015.

信息需求的目的。高校图书馆信息资源保障体系的完善和创新是解决用户信息需求的重要途径。

4. 高校图书馆信息资源保障体系是国家信息资源保障体系的重要组成部分

高校是国家创新体系的重要组成部分，高校图书馆信息资源保障体系则是一体化国家信息资源保障体系的重要子系统之一。信息资源保障体系服务对象和范围不仅限于高校内部，还具有十分重要的社会意义。具体体现在：

（1）促进社会信息公平，保证公众能自由地获取各种必需的信息。

（2）保存文化遗产，高校图书馆有极为丰富的馆藏资源，承担着保存和传承人类文化遗产的使命。

（3）肩负提高公众信息素养和科学文化素养的重任。

第二节　高校图书馆文献信息资源的版权支撑

一、制定图书馆资源版权管理战略规划

（一）图书馆资源版权管理战略规划的重要性

现阶段，图书馆在数字资源开发利用、服务、长期保存等方面正面临着来自版权方的严峻挑战，版权问题制约着图书馆建设与服务的发展。科学有效的图书馆版权管理制度可以起到避免侵权风险的作用，能够促进高校信息资源利用效率的提高，更好地服务于用户，让用户能够自由、便捷地获取信息，已成为图书馆在现代技术环境下谋求发展的重中之重。

目前越来越多的图书馆意识到版权管理的重要作用，并将其纳入图书馆的整体发展战略规划中。战略规划起到了总领全局、提供方向的作用，从图书馆自身的实情出发，结合本馆目标、使命以及性质，来做出相应的战略规划。战略规划能够帮助图书馆激发组织活力，从而使其更好地应对变化、有效规避风险、更有把握地面对未来。数字资源版权管理战略规划是指图书馆对其在数字资源建设、存储、服务和长期保存等过程中所涉及的版权问题及其解决方案进行的战略指导和规划，它是一个纲领性文件，主要用来指导图书馆数字资源建设与服务中的版权著作管理，进而实现图书馆的使命和目标。制定图书馆数字资源版权管理战略规划，是解决版权问题的一种策略性方法，其意义和价值在于：第一，是数字图书馆解决版权问题的重要策略。图书馆在国家文化发展中起着非常重要的作用，它是保障社会公众获取知识、享受普遍均等的信息服务的有效途径，但图书馆的建设，尤其是数字图书馆的建设尤其应当重视版权

保护和合理利用之间的关系。制定相应的版权战略，提升版权管理的战略地位，是合理有序地解决相关的版权问题的重要保障。

第二，是梳理版权及其相关知识产权问题的良机。图书馆资源建设和服务中存在很多版权问题，制定版权战略是梳理这些版权问题的良好机会，加强图书馆内部各部门的参与，也能在资源建设与服务过程中避免侵犯他人的相关权利，同时能够更好地保护图书馆自有知识产权的资源。

第三，是员工和用户认识和理解版权的有效方式。宣传和实施版权战略的过程，可以增强员工对于版权制度的认识；同时对用户进行相关知识的教育，也是尽到图书馆合理注意义务、规避侵权风险的一种有效方式。

（二）遵循战略规划的制定程序

无论是单独制定数字资源版权管理战略规划，还是将其纳入图书馆整体战略规划中，都可遵循图书馆战略规划制定的一般程序与内容框架设计。

图书馆的战略规划设计应包括：

1. 分析战略环境与组织定位，确定版权管理战略目标

分析图书馆所处的战略环境与其组织定位，是明确战略目标、设计实施方案的前期基础与必要依据。

分析图书馆所处的宏观环境，包括政治、经济、文化、技术等各个领域目前的情况与未来的发展态势。如今是技术快速变化的时代，用户对于无障碍信息的需求也在不断上升。无障碍地连接并且使用网上某信息的全文，使其能够在人们的工作场所发挥作用，是人们对于无障碍信息的需求现况，也是目前图书馆界面临的整体宏观环境。

对图书馆的内部环境进行分析、预测和评估。评估图书馆的内部环境，要了解主管部门及相关部门的支持力度、馆员的态度、本馆所拥有的资源及经费对图书馆的影响等系列因素，利用方法评估并分析本馆的优势、劣势、机遇与挑战，以作为制订战略计划的参考。例如：图书馆描述图书馆版权管理所面临的挑战是要满足用户日益增长的资源需求。图书馆与商业机构都在大规模地开展文献数字化工作，这方面主要受到经费和版权的限制。版权的挑战来自于很难确认每一个作品的法定版权持有人，针对这一挑战，荷兰国家图书馆在战略规划中的解决方案是与出版商协会签署版权协定。

明确本组织的性质、核心服务对象、主要服务内容与范围、本馆的社会责任和形象以及自身使命等。例如，图书馆行业协会宣传与推广的版权战略规划内容为传播并确保人类对信息、思想和想象的公平获取，平衡用户需求与创作者权利，如美国图书馆协会大力宣传图书馆的关键问题，如教育、知识自由、隐私、合理使用、文化遗产的长期保存、素养、公平获取、政府信息、永久免费、公共获取。作为高校图书馆，

主要服务是为科研提供支持，如哥伦比亚大学图书馆建立了版权咨询办公室，以此解决好版权法与大学中的研究、教学、服务活动之间的关系。

2. 制定版权管理战略目标和版权管理战略实施方案

制定战略目标应秉承系统、平衡、权变的原则，确保清楚明确，合理可行。数字资源版权管理的战略目标与数字资源建设与服务等密切相关，可借助这些指标设定量化、具体的目标，使战略规划具有可衡量性、执行性，例如，公有领域资源预期建设量、自主知识产权数据库建设目标、外购数字资源量、授权服务人群增长率、授权服务方式与服务范围扩大等。

版权管理战略是要根据不同的战略目标来做出相应的调整，制定出能够适应自身发展、切实可行的方案。比如英国国家图书馆的战略目标之一是让人们可以更多地在线访问有授权的数字文献信息资源。针对这一目标，其具体实施策略是“与出版商协商，通过付费和免费访问等途径和模式来提供授权资源，允许人们在线访问。版权管理战略实施方案与策略有多种选择，例如，开发公有领域资源、利用法律法规中的合理使用与法定许可条款、从多种渠道获取版权所有者授权、保护自有知识产权等。实施方案的制定要具有针对性、科学性、客观性、可行性，对图书馆在战略规划的实施阶段有切实的实践指导意义。

在确定战略实施方案中，要充分考虑图书馆环境因素的变化及影响程度，将有限的资源用在最关键的地方，以发挥最有效的作用。此外，还要运用战略、战术，要对每个阶段可能遇到的风险及变数进行分析，并制定应对风险和变数的措施。

3. 编制版权管理战略规划文本

在分析战略环境与组织定位，确定版权管理战略目标，制定版权管理战略目标和版权管理战略实施方案等过程完成后，要将这些成果细化到版权管理战略规划的文本中。不同国家、不同类型图书馆的战略规划文本有一定区别，但有一些核心的基本要素与内容框架被大多数图书馆所采用。在规划文本的编制方面，国外图书馆的体例结构、撰写格式已日趋规范化、标准化，结构充实合理、内容丰富完善，具有可操作性，可作为编制战略规划的借鉴。

（三）建立战略规划保障体系

战略规划的有效应用与实施需要建立可靠的保障体系，根据图书馆的运行特点，涉及制度建设、经费安排与岗位设置、宣传推广和培训等方面。

1. 设置版权管理岗位，安排版权管理经费

在数字图书馆的建设与服务过程中，版权管理的实践性很强，需要安排专门的人员，同时将版权成本纳入到经费预算中。为规避版权风险，有效地进行版权管理，国外一些图书馆专门设立了版权图书馆员的职位，安排专业的人员来负责和管理知识产权的相关事宜，专业人员必须熟知版权政策，及时答复用户关于版权问题的咨询，引导用户树立知识产权观念。

2. 制定和完善相关版权政策

制定和完善相关版权政策能够有效避免侵权问题的出现。图书馆需要制定和完善相应的版权政策以支持版权战略规划的实施，包括面向图书馆各项业务的版权规章制度，如采购版权政策、文献传递版权政策、复制版权政策、网站建设版权政策等；面向用户的版权政策，例如网站声明、用户应遵守的版权须知等。同时根据国际版权条约的修订、本国法律法规及政策的变化等情况，不断调整完善版权政策。

3. 进行员工版权培训和读者版权知识教育

在制定版权管理战略规划后，图书馆需要向员工介绍规划战略目标和具体实施策略，使全体员工积极参与到版权管理活动的每一个环节，严格地执行战略规划。

图书馆可以通过开展各种相关讲座来提高员工的版权保护的意识，促进版权保护工作的进行。在数字资源收集、复制、数字化、文献传递、参考咨询、讲座展览服务、数字资源发布服务等各个业务环节中的版权注意事项，避免侵权行为发生，以有利于图书馆版权管理战略规划的顺利实施，促进版权管理工作的顺利开展。例如，“全国文化信息资源共享工程”（以下简称“共享工程”）通过加强培训强化保护意识，采取人员集中授课和卫星广播方式，举办了 5 次全国范围的知识产权培训班，分 5 批对共享工程省分中心有关人员进行了知识产权巡回培训，邀请国家知识产权局、法学专家、高校教授等就知识产权问题进行深入浅出的讲解，培训人次过万，这对共享工程获取更多资源的许可使用权有很大帮助。①

图书馆应该定期以书面或者口头的方式来提醒用户提高版权意识，可以通过变质用户版权指南来提醒用户记得在复制或者下载数据库资源时注重版权问题，避免侵权风险。还可以利用免责声明、版权声明等方式来指导读者合法、有版权意识地使用数字化资源，特别是在摘录或者引用文献内容的时候必须要按照版权法要求来注明作者和出处。

二、版权管理制度

（一）图书馆版权管理岗位的设立

图书馆数字资源版权管理的规划、实施、反馈是一个长期的过程，版权图书馆员有助于在数字资源生命周期的各个环节对版权业务进行统一的协调与处理。设立版权管理岗位，需确定岗位职责、明确岗位要求，以便更有效地发挥作用。

① 赵冬生 . 图书馆知识共享战略规划的研究 [J]. 图书馆学研究，2012（17）：2–4.

1. 确定岗位职责

纵览各图书馆版权管理岗位的设置，因图书馆的性质、规模、服务对象、业务范围不同，版权管理岗位的具体职责也存在差异。总的来说，图书馆版权管理岗位的职责是在保护著作权人利益的同时，推动信息、资源的开发与利用，推动图书馆数字资源的建设与服务。具体而言，包括如下职责：

协助图书馆管理者制定图书馆数字版权管理规划与相关制度，为图书馆开发数字资源提供版权支持，甄别公有领域资源，梳理版权相关的法律法规；协助图书馆合理使用法定许可的条款，确保图书馆能够最大限度地利用著作权法赋予自身的合法权利进行数字资源建设与服务，通过多种途径获得版权许可与授权使用，参与相关合同制定与谈判，授权数字资源，更好地服务用户。

对数字资源建设与服务的各个环节做好风险预警，避免出现版权纠纷。

提供与版权相关的参考咨询、培训与建议。如提供版权法律法规和图书馆所制定的各种版权政策的解释和咨询，解答关于版权、授权及权限的问题；开展培训，向工作人员讲授关于版权的案例、做法，传达版权权限、合理使用的信息，确保图书馆签署的许可协议的内容符合国家相关法律法规，并且清楚地传达给图书馆工作人员；提供关于作者协议、合理使用、权限和数据存取、使用及共享的专门要求的建议。

2. 明确岗位要求

图书馆在设置版权管理岗位时，可参考国外图书馆的岗位要求，结合我国法律环境与图书馆业务实际需求，聘用符合岗位素养要求的人员。针对版权管理岗位的职责需求，借鉴上述图书馆版权图书岗位人员任职条件，明确了我国图书馆版权管理岗位需要具备如下方面的知识与能力：

了解《世界版权公约》等法律法规；了解图书馆协会或其他图书馆协会有关图书馆可适用的著作权例外的声明性文件、原则或指南；熟练掌握知识产权相关法律法规知识；了解图书馆资源与服务，熟悉图书馆资源建设、信息业务和数字资源管理等方面的专业知识；了解版权的情况和版权交易的惯例与规则；具备优秀的协调能力，以利于在版权协议的签署过程中为图书馆争取最大利益；具备良好的沟通能力与表达能力，能完成图书馆版权相关的咨询、培训、宣传等工作。

（二）具体措施

1. 认识版权制度的重要性

版权政策包括版权管理条例、版权业务细则等，严格执行版权政策有利于促进图书馆文献信息资源有效管理。要积极引导图书馆的工作人员在做好业务工作的同时有效避免侵权风险，各项工作的各个环节都要切实注重对于版权问题的处理，从而促进图书馆的版权管理事业发展。除此之外还要积极履行图书馆的提醒义务，让用户注意到版权问题的重要性，减少和避免侵权行为。要积极建设版权规章制度，做到以下两个方面：

第一个是遵守，即遵守版权法以及图书馆的电子资源使用协议，科学管理工作人员和用户复制资料，避免侵权。第二个是引导，即引导工作人员和用户提升版权意识，积极教授相关版权知识给工作人员及用户。

2. 调研需求

图书馆工作人员或读者可能会对提供或获取资源有很多版权方面的疑问，例如：既然图书馆已经购买了资源，为什么不能随意数字化并且提供使用？图书馆作为公益性机构，不以营利为目的，是否可以减免版权侵权责任？是否可以复印整本书？是否可以把资料扫描以后放在网站上？要解决以上问题，就需求调研以进一步明确版权规章制度需要解决的相关细节问题。

调研可以但不限于在如下人员范围进行：图书馆工作人员，尤其是提供复印、虚拟参考咨询，以及电子阅览室（或数字共享空间）的一线工作人员；数据库采购人员；处理数字资源建设与服务相关业务的工作人员；学术、科研人员等。

3. 梳理业务与评估版权风险

针对图书馆提供或计划提供的业务活动进行梳理，对其已经存在的侵权责任或者潜在的侵权风险实施评估，例如，以下业务活动可能存在侵权风险：

复制活动：如用户自助复制（影印、打印、扫描、下载），图书馆工作人员为用户复制等。

数字资源建设：如数字资源采购、馆藏资源数字化或格式转换、网络资源采集、网络资源导航等。

数字资源服务：如数字资源发布服务、虚拟参考服务、数字资源原文传递服务、在线展览或在线讲座服务、网站转载网络信息资源、数字资源共享服务等。

图书馆要明确这些业务活动是否遵循了著作权法律法规和图书馆的许可协议，分辨在业务处理过程中潜在的侵权行为，针对各项业务的各种行为提出风险规避方案。

风险评估应有图书馆的法律顾问或版权馆员参与。①

4. 制定版权规章制度

制定图书馆版权规章制度时应该注意一系列问题，因此图书馆电子信息联盟制定了指南来规定如何起草版权规章制度，以及版权规章制度应该包括的要素。

指南指出，版权规章制度应当具备以下功能：

帮助明确图书馆工作人员和用户在版权法规定下有哪些权利和义务，并确保符合法律规定。

---

① 肖希明．我国文献资源保障体系论纲 [J]. 图书馆，1996（6）：8–12.

为图书馆工作人员提供足够的信息，支持他们在版权许可、授权和数字化问题的决策中做出正确选择，为解决版权方面的问题提供确定信息。

图书馆遵循所有相关国家立法的责任的声明，遵守关于图书馆服务提供的相关规定，尤其是例外与限制用户的规定；用户行为应符合法律或协议许可，包括用户复制行为、教学人员为教育和研究的目的的复制、学生为学习和研究目的的复制、为方便残障人士使用而进行的复制、图书馆中使用数码相机或手持式扫描仪、格式转换、在电子学习工具中使用图书馆的资源等。

确定了图书馆版权规章制度之后，还要定期更新和查漏补缺，积极随着时间、环境的变化来作出相应调整，使其能够符合图书馆信息资源建设的发展。特别是当国家立法、图书馆电子信息资源使用协议等发生改变之后，要及时修订和调整已有的版权规章制度。

三、利用法律法规与政策支持

（一）利用公有领域资源

1. 认识公有领域的内涵

“公有领域”是知识产权法中被广泛使用的概念，是调整和鼓励创造、使用智力成果而产生的。关于“公有领域”的定义在理论界存在很多学说，如：“无法律保护”说，是指对于具有创作性的作品，如果没有现行法律确认其具有财产权地位，或者现行法律将某类作品的保护摒除在外时，这些作品即可认为处于公有领域内；“专有权利时间截止”说，是指版权和专利权利人仅在法定期限内享受专有权利，当此期限截止后这些作品和发明就进入公有领域。本书认为的“公有领域”，是指根据我国著作权法的规定，受著作权保护的期间之外的作品在法律上的状态处于公有领域的作品，通常包括：

（1）权利保护期届满的作品

我国《著作权法》规定，版权保护期届满的作品，除作者署名权、修改权、保护作品完整权等精神权利继续受保护至永久外，不再受版权法保护，任何个人、法人与其他组织均可无障碍利用，既不需要得到权利人许可，也不需要支付相应的费用。自然人作品是在作者死后五十年后进入公有领域，团体作品是在发表五十年后进入公有领域，进入公有领域之后任何人都可以不受限制地利用这些作品。

（2）著作权法不予保护的作品

从平衡创作者利益和社会促进知识发展的公共利益的角度出发，在著作权法中设定公有领域，既规定赋予作者在一定期限内享有专有权利，又规定超过了一定保护期限后，有关作品就会进入公有领域，成为人人可以利用的资源。所以，设定公有领域这一政策最终还是为了鼓励创作者多创造出更多有价值的作品，促进知识的传播发展。由于版权法不予保护的作品和著作权人放弃权利的作品较为明确，下文所指的甄别和利用的公有领域，主要是指权利保护期届满的作品。

2. 了解甄别公有领域作品的意义

（1）明确法律规定的抽象性

法律规定具有一定的抽象性，实践过程中通常需要进一步细化明确。我国《著作权法》第二十一条中规定的著作权的发表权和财产权保护期为个人作者终生及其死亡后五十年，权利的保护期很明确，但事实上，除了名人作家可以通过一些权威的著作进行考证之外，其他很大一部分不出名的作者生卒年很难考证，甚至连真名也无从知晓，导致著作权保护期限无法考证，因此就无法判断作品何时进入公有领域。

（2）了解著作方式的复杂性

中文图书除了著、撰、编、辑、纂、译等常用的著作方式外，还有执笔、训义、创作、句、补、续、注、集解、释义、疏证、修订、笺、平议、笔受、述、讲、说、录、提案、校、标、选、集评、书、刻、治印、手拓、绘、作、赞、曲、鉴定、采集、发行、阅、藏等生僻的著作方式，中文图书著作方式的多样性导致其著作权归属有时很难确定，例如，作品署名为“王某著”，但有可能王某只有著作权中的署名权，而没有著作权中其他的权利，如财产权、转让权、修改权、继承权、出版发行……所以，甄别作品是否进入公有领域，首先需要深入研究作品的著作方式，正确理解不同著作方式的内涵，明确著作权利主体，查看有关的合同约束。

（3）利用作品的合法性

目前，图书馆除了可以利用已经进入公有领域的古籍之外，如果不经权利人许可擅自利用未进入公有领域的近现代作品，将面临承担侵权责任的风险。例如，齐白石作品侵权案中，那些未仔细甄别齐白石作品是否进入公有领域的出版社，最终受到了法律制裁，所以，甄别作品是否进入公有领域可以将作品的版权状态明确化，可以使图书馆利用作品合法化。

（二）利用合理使用制度

1. 了解我国可适用于图书馆的合理使用规定

我国《著作权法》的目的是既保护著作权人的权利，又鼓励作品的传播，因此，在保护著作权人权利的同时，也给予公众和图书馆、档案馆等公益机构一定的合理使用权利，图书馆在对版权保护期内文献资源进行数字化及提供使用的过程中，可以充分地利用这些合理使用条款的规定。

2. 严格遵守合理使用的限制条件

例如，我国《著作权法》第二条第（六）项规定，“为学校课堂教学或者科学研究，翻译或者少量复制已经发表的作品，供教学或者科研人员使用，但不得出版发行”的情形。这项规定将可复制的范围限定在已经发表的作品，这表明，未发表但受版权保护的作品，除法律或合同另有规定的外，图书馆不得出于研究或学习的目的为用户提供复制件（或将其数字化）。在数量限定上，我国《著作权法》没有做出量化规定，只是宽泛地限定为“少量”，一般来说，应当谨慎提供整部作品的复印件（或将其数字化）。我国《信息网络传播权保护条例》第七条规定，“图书馆可为陈列或者保存版本需要以数字化形式复制作品，但这些作品应当是已经损毁或者濒临损毁、丢失或者失窃，或者其存储格式已经过时，并且在市场上无法购买或者只能以明显高于标定的价格购买的作品”，不满足上述限定条件的，不适用于合理使用的情形。

3. 必须指明作者姓名

作品名称署名权是著作权人的精神权利，依据我国《著作权法》的规定，该权利是不受保护期限制的。因此，在对馆藏文献数字化或提供局域网使用、向少数民族或盲人提供数字资源等合理使用的过程中，应当指明作者姓名、作品名称。

4. 不得修改作品权利管理信息

权利管理信息是行使版权的手段，对于强化网上信息的知识产权保护，维护网络的健康发展具有重要意义。许多国际公约及信息化程度较高的国家，都对权利管理信息给予保护。我国《著作权法》第四十八条第（七）项规定，未经著作权人或者与著作权有关的权利人许可，故意删除或者改变文字作品、录音录像制品等的权利管理电子信息的，应承担侵权责任。因此，利用合理使用条款进行数字资源建设与服务过程中，不能删除或者修改原作品的权利管理信息。

5. 采取技术保护措施，防止资源非法传播

为了防止他人在没有授权的情况下复制、传播、修改作品，版权人和相关权利人需要采取一系列技术保护措施。图书馆在依据我国《信息网络传播权保护条例》第七条规定向用户提供信息服务的时候，还应当履行该条例第（四）项规定的义务，采取技术保护措施，防止“图书馆馆舍以外的其他人”获得著作权人的作品，并防止“图书馆馆舍内的服务对象”的复制行为对著作权人利益造成实质性损害，在馆舍内向盲人提供数字资源服务时，图书馆需要保证不以营利为目的，只向盲人提供数字化的资源供他们听或触摸式阅读，如果在网络上向用户提供数字资源服务，需要利用必要技术手段。研发人登录系统，严格限制使用者身份，保护著作者的权益，避免版权纠纷；同时使用相关技术对数字资源进行保护，严格控制超出服务对象之外的传播。

第三节　高校图书馆文献管理队伍的建设路径

一、加强高校图书馆人力资源管理的重要性

（一）加强人力资源管理是高校图书馆适应时代发展的需要

当今社会已步入信息资源数字化时代，信息载体多元化，网络传递便捷化，信息服务多样化，服务方式个性化，高校师生对于图书馆的信息资源需求在不断上升，这就要求图书馆的信息服务能力不断提高。如今我国大部分高校的信息资源都十分丰富，硬件设施也逐步提高，高校图书馆正处于由传统图书馆向数字化、复合化图书馆过渡的关键时期。各种新兴技术被引进图书馆，许多新的业务工作亟待开展完善，这就对高校图书馆工作人员提出了更高的要求，要求他们不仅要掌握图书馆学、情报学及计算机、网络等相关专业的知识，还需要具备数据库存储管理、信息搜集整理、信息检索利用等多方面的能力。新形势的来临使得高校图书馆人力资源的开发与管理已迫在眉睫。

现实中，传统图书馆的诸多职能正在被数字化、网络化图书馆所取代，服务功能随之不断扩展，在高校图书馆现代化管理中，计算机技术、网络技术已得到广泛应用。无论这些管理技术是多么先进，功能多么完备，都必须由图书馆的工作人员来管理和操作，高校图书馆功能的实现关键还在于图书馆馆员整体素质和业务能力有较高的水准。但由于很多高校图书馆原有的管理思想陈旧保守，再加上历史和现实的因素，大多数高校图书馆都不同程度地面临着两个方面的问题：一是图书馆机构臃肿，大部分岗位高度稳定，冗员堆积，效率低下；二是学历层次高、知识结构合理、业务能力强的优秀人才在不断流失。

要适应时代发展变化需要，高校图书馆必须打破陈旧的管理思想传统，创新人力资源管理的理念，改善人力资源结构，对图书馆人力资源进行有效合理的开发配置，充分调动广大图书馆馆员的积极性，大力挖掘图书馆人力资源的潜力，留住图书馆事业发展所需的人才。因此，加强高校图书馆人力资源管理，是适应时代发展的客观需要。

（二）加强人力资源管理是高校图书馆业务发展和创新的需要

在数字化时代，高校图书馆的工作发生了巨大变化，尤其是在计算机网络技术的支持下数字图书馆迅速兴起发展。由于数字资源检索、传递和使用的便捷性，其利用率远远超过传统文献信息资源，极大地改变了图书馆传统的工作方式、组织结构和管

理模式。信息的搜集、加工、整理、存储及传递都高度自动化、网络化和数字化。资源的数字化使得高校图书馆的业务流程和服务方式发生了根本改变，对图书馆馆员的素质要求和工作内容也产生了前所未有的改变。

随着图书馆的服务功能和服务模式的转变，图书馆工作人员自己必须先掌握相应的技能和知识，克服信息鸿沟，才能为读者答疑解惑，才能为读者提供服务。传统图书馆那种简单的借还的服务模式已被打破，为适应读者需求多样化、个性化特点，高校图书馆馆员也应该不断提高自己的文化素养，促使单一型的知识结构向多元化转变，丰富自身修养。高校图书馆主要服务于教师、学生，他们的思想水平和文化素养都比较高，尤其是给专家、教授、硕士、博士等提供服务时，文化素质低的图书馆员是根本无法胜任的。

在高校图书馆网络化、数字化的进程中，馆藏文献的数量已经不再是衡量高校图书馆服务能力和对教学科研支撑力的唯一标准，人们更加注重文献信息的组织、开发、导航与传递，并更多地根据读者的满意度和需求满足度以及为信息用户提供服务的能力来评价一个图书馆。高校图书馆馆员将承担起图书馆发展规划的参与者、网络信息资源的组织者及知识创新的传播者和创造者职能，其文化素质、专业水平和技术能力的高低将直接影响服务质量的优劣。

因此，高校图书馆改变管理思想、更新服务观念，加强人力资源管理，真正树立起人力资源管理在高校图书馆管理中的重要地位，开发和培养高素质的复合型人才，吸引和留住高素质人才，是新时代高校图书馆业务发展和创新的必然要求。

（三）加强人力资源管理是高校图书馆增强核心竞争力的需要

随着网络技术、信息技术和数字化信息的飞速发展，社会上各种类型的信息服务机构应运而生，许多其他行业都看好知识资源产业巨大的市场前景，纷纷拓展其业务功能，涉足图书馆行业。传统图书馆原有的文献信息中心和传播文化知识中心的主体地位受到了巨大冲击，并产生了当今“无纸化社会”“图书馆消亡论”等说法，高校图书馆生存和发展面临越来越多的严峻挑战。如谷歌号称要打造全世界规模最大的在线图书馆，试图把全球最主要的几个大型图书馆实现数字化；百度文库也提供种类丰富的课件、考试题库、专业资料、论文报告、文学等诸多领域知识资料的在线阅读和下载。时代在改变，阅读在转型，科技已真正实现了随时随地阅读与下载，花费时间去图书馆索取知识信息的需求变得越来越小；一些数据库服务商已经索性撇开图书馆，将信息资源直接提供给用户，使用户对图书馆的需求进一步减弱。

在当今如此激烈的信息化竞争大潮中，高校图书馆如何立足于本身占据的丰富的馆藏文献信息资源，拓展更为广阔的生存空间？

要想促进馆藏文献信息资源的建设进程，就要打造一个充满活力、富有竞争力的高校图书馆，这就要求图书馆具备一支专业人才队伍，能够熟知各学科领域的发展脉络和方向，能够提升信息资源服务水平，善于利用自己的专业知识为不同类型的读者服务。而建立起这样的一支专业队伍，除了大力引进各类专业人才外，同时还需要有一套人才培养机制和留住人才的良好环境。因此，在人力资源管理方面，高校图书馆也应该大胆创新，对图书馆馆员进行科学管理，激发其活力，使其能够不断提升自己的工作能力和服务水平，从而打造出高效的信息服务团队，努力培育并提升图书馆自身的核心竞争力，形成错位发展、独具特色、长期有效的竞争优势，应对社会上各种竞争和挑战，实现高校图书馆的稳健发展。

（四）加强人力资源管理是高校图书馆合理利用其他资源的需要

在高校图书馆，一切技术由人来掌握，一切设备由人来使用，一切服务由人来提供，做到让用户满意也是由人来实现的，图书馆的形象更是由人来塑造的。特别是在数字化时代，数字图书馆的建设迅猛发展，现代信息技术、设备在图书馆被广泛应用，如果缺少相关专业的技术人员支持，信息资源的加工、整理与传递及设备的维护和正常有序运转就难以得到保障，数字图书馆就不可能正常运行。所以，高校图书馆只有通过对人的潜能进行深层次的开发，加强人力资源管理，促进人力资源和其他各项资源充分结合，才能最终达到对人、财、物等资源的综合有效利用。

（五）加强人力资源管理是高校图书馆留住人才的需要

随着数字化信息时代的到来，高校图书馆对文献信息资源的管理已经从传统的以手工为主的管理手段转化到以计算机、网络等现代技术为主的管理方式上，作为知识和智力载体的高校图书馆馆员，是图书馆生存和发展的首要因素，高层次、高素质的优秀人才成为高校图书馆创新发展最重要的支撑。因此，如何留住人才、挖掘人才潜力是图书馆管理工作的重中之重。

高校图书馆必须以人为中心，加强对图书馆工作人员的培训，不断开拓馆员的视野，提高其工作技能、增长各学科专业知识，不断提升其信息服务的能力。要为优秀的人才提供足够的成长和发展空间，激发其工作热情和活力，根据他们个人的能力、专长和知识结构，提供相应合适的工作岗位，让他们有与图书馆一起发展的机会，把他们的个人发展和图书馆的发展密切结合起来，让他们更大程度地实现自身价值，增强他们对图书馆的归属感和责任感，自觉地留在图书馆，为图书馆做贡献；加强交流与沟通，了解图书馆优秀人才的思想动态和相关信息，减少他们对图书馆管理上的不满，改进图书馆人才管理上的不足，重视馆员人际关系的改善，增强图书馆的凝聚力；加强激励管理，为优秀馆员提供及时的晋升机会，让他们参与管理，充分调动他们的积极性和创造性，发挥他们的聪明才智，使人才有成就感、认同感，让他们能以主人翁的姿态安心在图书馆工作。因此，高校图书馆加强人力资源管理，是留住图书馆发展所需人才的需要。

二、高校图书馆工作人员应具有的服务意识

（一）具有“以人为本”的服务意识

从根本上来说，高校图书馆的工作，是以满足人的知识信息的需求为使命的职业。所以，“人”应当是高校图书馆一切活动的出发点和归宿。在高校图书馆工作中，只有把“人”的因素摆在首要位置，确立“以人为本”的服务意识，并且把这一意识切实融入高校图书馆的实际工作中，贯穿于高校图书馆管理的全过程，为读者服务，从读者的根本利益出发，满足读者的一切合理需求，才能更有效地发挥高校图书馆的职能，否则高校图书馆就会失去其存在的价值。

（二）具有主动服务的意识

高校图书馆馆员应该积极主动地为用户服务，主动调查了解读者借阅的需求，了解读者的阅读倾向及兴趣、爱好，了解读者的心声，掌握读者的阅读心理，以便有针对性地向读者推荐图书文献，把服务从被动变为主动。第二，主动热情地接待每一位读者，以亲切的态度，耐心地为读者解答疑问。第三，开展主动服务，做好馆藏图书文献的宣传工作，使读者比较详细地了解馆藏，更好地利用馆藏。

（三）具有深化服务的意识

当今社会已经进入数字化信息时代，读者服务工作已不单是书刊的流通，而是一种多层次的服务工作。高校读者对文献信息的需求，已逐步从过去仅仅对简单的原始文献的借阅，变为内容丰富、经过筛选加工、能直接利用的知识信息。在这种新的形势下，高校图书馆应当要树立深化服务的意识，提高服务层次和水平，为广大读者充当信息导航员。这就要求馆员必须开展馆藏文献信息资源的深加工服务，让读者能在尽可能短的时间内获得他们所需要的最有价值的信息。比如开设参考咨询窗口、线上资源导航系统和检索工具，便于读者方便快捷地找到自己需要的信息资料。

（四）具有开放服务的意识

在信息化时代，大众对知识和信息的渴求越来越热切，这就要求高校图书馆改变甚至抛弃原有的小而全、自我满足、自我服务的闭门办馆的观念，树立起开放办馆的服务意识。高校图书馆应积极参与全国性、地区性、行业性图书馆以及公共图书馆和其他类型图书馆的联盟与协作，努力整合文献信息资源，开展馆际互借和文献传递，进行联合信息咨询，不断拓展馆际协作和共享的服务项目，充分发挥文献信息资源优

势和馆员的专业优势，拓宽服务领域，积极开展面向社会读者的开放服务。

（五）具有全方位服务意识

随着时代的发展，高校图书馆已逐步摆脱了传统的藏书、借书的形象，图书馆的服务项目和服务功能越来越多样化。因此，高校图书馆要强化全方位服务意识，利用先进的科学技术和手段，创建新的便利的服务渠道，开展多种层次、多种形式的读者服务工作，使高校图书馆成为高校为教学、科研服务的多功能服务中心。

（六）具有为高校教学和科研服务的意识

高校图书馆担负着为高校教学、科研工作提供信息支持与信息保障的重要任务。高校图书馆的工作，在一定程度上能够起到促进或者制约高校教学、科研工作的作用。因此，高校图书馆必须强化为高校教学和科研服务的意识，促进高校教学和科研的发展。

三、高校图书馆工作人员应具备的知识素质

（一）具有扎实的图书情报学专业知识

图书情报学专业知识是高校图书馆馆员从事图书馆业务必须具备的知识基础，是高校图书馆馆员开展管理工作的重要前提，更是高校图书馆馆员完成工作任务的重要保证。

高校图书馆图书情报工作是一项学术性很强的工作。图书资料的采访、分类、编目（包括计算机编目）、储藏和流通、光盘检索、情报信息咨询等工作都有其特有的方法和规律，都离不开图书情报学专业知识。高校图书馆馆员必须具备一定的图书情报学知识，通晓图书情报专业基础理论和基本工作方法与技能，能够独立熟练编制各种专题目录、文摘等，熟知图书馆的运作流程、使用的分类体系，熟练掌握图书行业的工作技能以及管理方法、工具书的使用方法等，同时了解图书馆情报学专业发展前沿的相关理论，熟练使用各种检索工具来帮助读者高效、快速地找到自己需要的资料。

（二）具有一定的外语水平

在全球化的今天，各个国家之间的政治、经济、文化的来往都高度密切频繁，人们用自己国家的语言、文字沟通，各个国家之间的智慧结晶互相沟通、碰撞，不同语种的文献和信息也数不胜数，各地的图书馆以及互联网上的外语资料数量也在不断增长，人们足不出户便可以了解到外国的信息。

然而，虽然互联网为全球范围的文献信息资源共享提供了条件，让地球变成了“地球村”，交流变得更加方便快捷，但是，互联网上的信息很大一部分是英语信息，这就对高校图书馆馆员的外语水平提出了较高的要求，尤其是英语的水平。在信息全球

化的环境下，熟练地掌握外语能够有效提高对于外文文献的理解、掌握和利用程度。

（三）掌握一定的相关学科知识

以往的高校图书馆馆员知识结构较为单一，在如今社会已经难以满足多样化信息服务的需求。许多学科交叉渗透，融合贯通，促使复合型新兴学科的出现和发展。高校图书馆馆员在不断提升自己专业知识储备量的同时，还应该不断学习其他学科领域的知识，以拓宽自己的知识面、丰富文化底蕴，从而能够更好地服务于需求个性化的读者。所以，高校图书馆馆员要做到尽自己最大努力地去了解并掌握相关专业、学科的知识，要分得清孰轻孰重，系统性、计划性地去学习，不能漫无目的地浪费时间和精力，杜绝低效学习。

四、高校图书馆工作人员应具有的综合能力

（一）具有较强的创新能力

当今网络化、数字化、社会化的信息服务，已对传统图书馆服务造成很大冲击，高校图书馆馆员必须摆脱陈旧保守、故步自封的观念，与时俱进，更新发展理念，树立现代化的创新服务意识。工作中，高校图书馆馆员应当不断打破自己的思维定式，善于运用发散思维、想象思维等思维方式，不断提升想象力和创造力，积极开拓满足读者需求的服务模式。同时，高校图书馆馆员还要善于从大量的信息中，把握读者需求热点，将最新、最有价值的信息高效、及时地传递给读者，提升读者的体验感。图书馆要积极培养馆员的创新能力，首先要培养馆员创新意识和创新思维。思想是行动的先导，行动需要有正确的思想、观点和理论作指引。其次，馆员必须具有不畏劳苦、坚韧不拔、百折不挠、勇于探索和追求卓越的创新精神。

（二）具有较强的学习能力

学习能力是高校图书馆馆员寻求自我发展的首要条件，是馆员适应社会发展的需要，也是高校图书馆事业发展对图书馆馆员提出的要求。现代高校图书馆馆员，主要从事着信息的筛选、评价、加工、组织、开发、传递、应用等工作。在图书馆发展变革过程中，高校图书馆馆员的职业角色定位应当从提供被动的、简单的、支持性的文献借阅服务，转变为主动地提供与高校的核心科研学术项目紧密相连的知识性服务。馆员若能拥有较强的学习能力，在学习过程中不断掌握新的知识、新的技能，便能很好地提高自己的工作效率。对高校图书馆馆员学习能力的要求，并非指狭义上的、传统的、死啃书本式的读书学习方式，而是指广义上的学习。从学习形式上看，包括读书、考察、参观、游览、访问、调查、交往、座谈会、讲座、经验交流以及网上浏览、交流聊天等，形式多种多样。从学习内容上看，既包括自然科学技术知识，也包括人

文社会科学知识，还包括日常工作和生活中的经验知识，以及如何获取、运用和创造知识的方法等，内容丰富多彩。

高校图书馆馆员的学习，要求的是真正意义上的学习，而非装点门面、蜻蜓点水、浅尝辄止、作秀式的学习。真正意义上的学习，是一种具有明确的自主学习目标、契合高校图书馆发展目标的学习需求导向、有着显著的实际成效的学习。

（三）具有较强的计算机操作能力

随着现代科学技术的发展及信息时代的到来，自动化、信息化已成了各行各业的发展趋势。当前，计算机技术在高校图书馆的广泛应用，使高校图书馆的工作发生了前所未有的变化。通过利用计算机技术及计算机网络技术等现代化信息技术手段，对馆藏文献信息资源进行更深层次的加工和快速的传播利用，如从对文献信息的收集、整理、加工、检索直至传播、流通和利用，无不与计算机的操作使用发生着密切的关系。

因此，计算机操作能力必然要作为每一个高校图书馆工作人员的最基本的能力要求。现代高校图书馆馆员必须要及时学习和掌握最新的现代化信息技术，除计算机操作技术外，还包括与计算机操作技术相关的计算机网络技术、通信技术、光盘技术、数据库技术、多媒体技术等计算机自动化系统的高新技能。

高校图书馆馆员只有熟练地掌握了计算机操作技能，才可以得心应手地为读者搜集、加工和快速传递馆藏文献信息资源和网络信息资源，为读者提供优质的服务。

（四）具有较强的信息能力

在科学高度发展、信息技术不断革新的今天，人们已经进入了信息时代。高校图书馆工作人员只有具备一定的信息能力，才能对海量繁杂的信息进行取舍、组织、加工、整理，才能针对读者不同的需求，及时准确地为读者提供有价值的信息。

1. 信息收集能力

信息收集能力是指根据既定信息需求目标，能选择适当的方式手段，自主地、不遗漏地从各种信息源中搜集并获取有关信息的能力。

信息收集应有明确的方向目标。信息收集应是在给定的目标基础上，选择一定的信息源，有效地进行信息收集。对于收集到的信息，要进行有效的评价。不仅要对收集到的信息进行评价，还应对信息收集的方法、效果进行评价，然后基于这些评价的结果再去完善信息收集。评价是实现信息有效收集的重要步骤。

信息收集是高校图书馆馆员的基础性工作。高校图书馆馆员应不断更新完善自身知识结构体系，熟悉各种检索语言、检索方法等基本的信息检索知识，自觉、自主地关注本专业领域的学术、科技发展动态及最新研究成果，熟练掌握和运用现代化技术手段，及时准确地获取本学科领域的最新发展信息。

为了实现全面地收集信息，高校图书馆馆员还必须充分了解和掌握各种信息源，对馆藏资源要做到了然于心并能够信手拈来，同时还要能够利用网络搜集有价值的信息，并能从熟悉情况、掌握知识的人那里了解并获取信息，还要能够在其他类型的大量的信息源中敏锐地分辨和抓住有价值的信息，要成为一个能及时分辨信息、筛选信息和收集信息的行家。

2. 信息判断能力

信息判断能力是指在众多的信息中，选择那些必要的信息，对其内容进行判断，并从中提取出适当信息的能力。

在如今信息网络传播的“快时代”，信息就如同货架上的商品一样琳琅满目。由于信息技术的广泛应用，信息的发布、修改和传递变得越来越容易，这就使得在传递给人们的信息中，特别是在互联网这样的虚拟世界里，夹杂着许多片面的信息、不真实的信息、无用的垃圾信息甚至是虚假有害的信息。当下的媒介也愈发多样、日渐发达，不同的媒介、各种信息渠道让各种信息涌进人们的生活，人们每天都会遭遇海量资讯。

在当前利益多元化、“人人都有麦克风”、人人都拥有话语权的社会，越来越多的人从信息接受者变为信息传播者，信息数量巨大，信息来源纷繁芜杂，信息质量参差不齐，判断、甄别、收集、利用媒介传播的信息，已成为现代高校图书馆馆员不可缺少的素养。高校图书馆馆员在信息收集时，具有理性的判断、识别能力变得尤为重要。

3. 信息利用能力

信息利用能力，是指为了某种需要或特定目的，将已获取并经过处理的信息运用于实践，以实现预定目标，使信息的价值真正得以体现的能力。

信息利用是信息价值得以实现的过程。现代高校图书馆业务的重点，应从传统的对馆藏文献信息资源的保存转移到对信息资源的开发利用上，突出以用为主。

高校图书馆馆员需要用合适的方式方法密切关注相关信息，及时进行选择、判断、加工和应用。要利用创新思维，把看似无关紧要的信息有效地应用于实际工作，创造出全新的利用价值。同时，要根据读者的不同类型和特点，有针对性地提供服务。

4. 信息传递能力

信息传递能力，是指能基于信息接受者，即信息受众的立场，在信息经过处理的基础上，将有关信息及时有效地传递给信息接受者（包括个人和其他社会组织机构）的能力。

信息只有通过有效传递才能被社会公众所利用，才能产生相应的价值，实现信息资源的效益。通常，信息传递的形式有口头形式、文字资料形式、视听资料形式等。

口头形式的信息传递，如讲话、报告、对话、会议交流、信息发布等。文字资料形式的信息传递，如报告撰写、论文写作、书籍编写、文摘、参考文献制作等。

不同形式的信息传递方式和手段的使用，能够帮助读者更快捷、更准确地获取信息，让信息为读者服务，使读者满意。特别注意的是，高校图书馆馆员在传递信息时，应对信息进行适当的处理，要负责任地为读者传递。

第六章　高校图书馆文献信息资源的运用创新

第一节　开放存取资源建设概况

一、开放存取概念及内涵

开放存取，英文表达为 Open Access，有一些学者把其译为公开获取、开放获取、开放共享、公开访问、开放取用等。

开放存取是一种体现公平、共享、开放观念的思想和行为。在如今信息技术的发展下，开放存取理念意在促进学术信息资源开放共享，不同领域和学科的智慧成果能够流通、传递，为所有的学者和研究者们提供自由交流学术观点和理论的环境，有利于促进学术交流、融汇学者智慧，激发学术界的活力，也能够为读者使用免费信息提供便利。在这种模式下，创作者发表一部作品的主要目的不是获取经济利益，而是在研究或者促进教学的基础上来将自己的作品发布出来，供他人学习和借鉴。它首先是由科学界倡导而发展起来的，但到今天已经几乎遍及各行各业，有各种不同形式的内容，它的内容和形式一直在不断变化、充实和完善，并且在今后仍将处于继续发展态势。总之，开放存取是一种为了促进学术自由交流、能够在网络环境下自由使用信息的模式。

二、开放存取特征

（一）信息资源获取便利

开放存取能够实现信息资源的广泛传播以及自由共享，让任何人都能够在网络环境下平等地获取和使用自己需要的信息资源，突破了时间和空间上的限制，也不受经济因素的束缚，可以随时随地利用数据库里的学术成果。目前许多大型商业出版者控制了学术出版领域，使得学者和科研人员无法方便地获取自己需要的文献资源，也不利用学术交流。因此，开放获取这种模式能够为学者和科研人员在资料查找和获取方面提供便利，同时还能让他们将自己的学术成果放入开放存取系统里，促进科学的发展。

（二）开放存取资源形式多样性

开放存取的资源形式十分多样化，不限于文本类的各种学术论文、电子出版物，还有音频类和视频类的教学课件、对话记录、会议记录等，形式十分多样，使用起来便利高效。因开放存取是为了促进学术交流，在学术信息内容和形式上面的限制并不严格，只要用户能够尊重版权，合理使用相关信息，就能使用该平台。

（三）学术信息交流方便快捷

开放存取模式通过网络技术平台，能够让用户突破空间限制，随时随地进行信息交流。许多作者和专家都会进行线上写作和交流，开放存取为其提供了快捷便利的平台，能够促进作者、读者以及专家在线直接交流，很好地提升学术交流的时效性以及信息交流的效率。开放存取出版模式与传统出版模式相比，由于它的即时性特点，省去了编辑、出版、印刷、发行等一大套的中间环节，缩短了学术出版周期，因而出版发行的时效性得到了极大的提高。而且，以网络为载体的开放存取出版，即时交互是它的特别功能，传统出版形式在这点上是望尘莫及的。

（四）学术信息传播自由

开放存取系统使得各领域的学习信息传播十分迅速和自由，学者和科研人员可以随时发表自己的研究成果，也能及时针对内容作出修改和调整，十分灵活便捷。学术信息可以自由传播，能够激发学术探究的活力，形成良好的互促互学局面。

（五）收费模式新颖

要正常运作和维持学术期刊是需要花费一定费用的，开放存取模式改变了传统的用户付费模式，而是由作者付费来让自己的文章出版。读者阅读、下载、复制、传播等是不需要付费的，而系统需要向作者收取一定的图书出版费用。一般作者也不会自费，而是由作者的研究资助者或者研究资助机构来支付相关的出版费用。

三、开放存取资源给高校图书馆资源建设带来的机遇与挑战

很长一段时期以来高校图书馆资源建设面临重重矛盾，订购学术期刊的费用年年持续上涨，而且大大超出了图书馆的经费预算的增长，因而导致期刊数量翻番增长而图书馆购买学术期刊的能力却相对下降；再一个就是图书馆对电子期刊特定时段的使用权只能以租赁的方式取得，是需要图书馆付费的。电子资源的引进也一样受到期刊价格高涨的影响，一样也要受到有限经费的困扰，学术文献资源的开放访问会使矛盾得到很大的缓解。

（一）对图书馆资源建设理念的挑战

在开放存取的模式下，图书馆能够获取充足的免费资源，并且不用考虑传统的许可权限等问题，具有一定的便利性。图书馆能够拓宽自己获取信息资源的渠道和途径。还能够根据用户的实际需求来提供相应的个性化服务。图书馆在信息资源建设的过程中不再需要去研究用户的潜在需求，而是可以利用开放存取的系统来直接掌握用户的具体需求，因此需要转变资源建设理念。

（二）缓解高校图书馆资源建设的资金压力

图书馆的馆藏信息资源中有极大的部分出自资金购入，而垄断出版又十分暴利，导致商品化资源的购入资金较高，图书馆在购入信息资源的时候需要作出购买计划，受到资金的限制。开放存取让图书馆获得大量的免费文献信息资源，能够减缓图书馆的资金压力。但是同时图书馆还需要注意平衡开放免费资源和付费版权资源的数量、学科内容、种类等方面。

如今图书和期刊等文献信息资源的价格在逐渐上涨，图书馆需要一直付费来维持电子信息资源库的使用，再加上许多图书馆本身的建设经费十分有限，所以对于高校图书馆来说，文献信息资源建设工作的资金压力是比较大的。而开放存取模式的出现可以有效地缓解高校图书馆资源建设的资金压力。图书馆在购入文献信息资源方面可以减少经费投入，节省了采购资源的资金，促使资金能够合理投放在其他特色、重点文献资料上面，合理配置了图书馆资金，从而更好地满足不用读者对于不同信息资源的需求。

（三）拓宽高校图书馆资源建设的来源和渠道

开放存取不仅拓宽了高校图书馆资源建设的来源和渠道，而且还可以丰富高校图书馆数字资源。读者能够在网络上直接获取原文，十分便捷高效，这对图书馆来说是十分有益的。

（四）信息资源建设的时效性得到增强

开放存取缩短了出版周期，能够增强信息资源的时效性。开放存取模式让最新发表的学术成果和科研成果快速地投入到线上数据库中，能够促进科研和教学的及时共享、互相交流，从而激发学术探讨的活力。图书馆部门科研及时收集开放存取的学术期刊和图书等来供用户使用，提高了学术自由的时效性，这也能够很好地满足用户的需求，对图书馆和用户影响效果都很大。

（五）有助于高校图书馆实现信息资源的真正共享

传统的高校图书馆一般采取馆际互借、合作采购、交换以及联合编目等方式来实现信息资源共享。开放存取的模式让图书馆能够快速、高效地免费为读者开放学术信息，提供各种各样的信息资源。这种模式不仅能够打破价格和使用权限障碍，还能让读者、科研人员等全面又及时地获取自己需要的最新信息，使信息资源的真正共享成为可能。开放存取模式扩展了信息资源共享的时空范围，只要有网络，任何人不管在什么地方、什么时间，都可以获得任何图书馆的任何文献信息资源，实现了信息资源真正意义上的开放、共享。

第二节　我国高校图书馆开放存取资源建设路径

一、我国高校图书馆开放存取资源建设基础

（一）思想基础

随着信息科技的发展，全球范围内的信息交流都在急剧上升，思想传播十分广泛和自由，同时人们对于学术成果互相交流的需求也在不断上升，这些都成为开放存取资源的思想基础。如今是知识经济的时代，人们渴望从多渠道获得大量的、科学的高质量信息，然而由于许多因素的限制人们还是很难自由、及时地获取自己想要的信息资源。信息资源获取不够及时、流通闭塞、更新缓慢，这些都不利于推动学术的交流和科学的创新，不能够很好地推动社会发展。开放存取模式就是在这样的背景下应运而生的，能够有效缓解资源利用率不足的局面，实现科研成果和科学结论的开放共享。图书馆作为信息机构，在思想和行动上应积极响应开放存取观念，在允许的范围内结合自身的情况来建设开放存取馆藏资源，供社会使用。

（二）网络技术条件

能够让开放存取模式切实践行的技术条件是网络技术。随着网络科技和信息技术的发展，网络普及率不断上升，人们的网络条件也在不断改善，这让大量的信息资源都能够在网络上快速获取、复制、传播，有效降低了开放存取建设和运行的成本，并且为开放存取运动提供了技术条件。高校图书馆也普遍应用了计算机技术，相关电脑硬件和网络环境也在不断优化加强，网络检索平台、管理系统的使用再加上数据库的建设、数字化数据环境的形成，都让高校图书馆的工作过程不断自动化、数字化，信息资源的利用和管理更为高效便捷，为高校图书馆推行开放存取模式提供了技术保障。

（三）内在动力

高校用户群体主要是教师和学生，而开放存取信息服务系统主要由科研人员和科研机构研究、开发、创建，同时科研人员又是开放存取系统的使用者。科研人员获得大量免费科研资料的同时还可以将自己的研究成果发布，促进信息的广泛传播，使自己的学术影响力在本学科领域得到提升。因此，科研人员已积极响应并且积极参与到开放存取信息服务发展中。

二、我国高校图书馆开放存取资源建设目标和原则

（一）我国高校图书馆开放存取资源建设目标

随着信息时代的到来，人们对于信息的需求在快速增长，同时呈现个性化、多样化趋势发展。作为高校信息资源的主要查阅地，高校的图书馆应该为用户提供有利用价值的、便捷的、多样化的文献信息资源。开放存取模式的出现能够将分散的、开放的信息资源按照一定的规律进行有组织地分类、排列，更方便读者使用，提高文献信息资源的利用率。用户通过网络就可以快捷方便地使用自己需要的文献信息资源。开放存取系统还能够保存和传递宝贵的文献信息资源，促进其自由传递、流动，最终实现资源的利用和共享。①

（二）我国高校图书馆开放存取资源建设原则

和建设纸质文献信息资源时一样，高校图书馆在建设开放存取资源时需要遵循一定的原则，从而提高运作效率，避免收集和使用开放存取资源的过程中出现盲目性和随意性。具体要遵循以下原则：

1. 系统性、整体性原则

系统性和整体性即高校图书馆在建设开放存取信息资源时要注重维持馆藏系统的完整性和连贯性，要全方位地收集和整理国内外各学科领域的开放存取资源，过程中要特别注意收集本校的重点学科和特色学科的相关资源，及时将开放存取资源补充进图书馆的整体馆藏体系里，将两者进行有机融合，让开放存取资源能够适应本馆馆藏体系，推动与原有馆藏资源的和谐统一，从而与本馆原有的馆藏资源实现协调发展和互促互补，推动图书馆系统的、完整的馆藏体系建立。

2. 标准化原则

在建设开放存取资源的时候需要制定一定的标准来对开放资源的内容进行规范，保证开放资源的质量达到图书馆信息资源建设的标准和要求。坚持标准化原则能够提升图书馆信息资源的服务质量，避免资源浪费、重复建设等问题的出现，同时结合本馆的实际建设情况和发展规划来制定本馆的特色标准。在如今的网络环境下，个人、

① 邱奉捷，张若冰．图书馆数字资源版权管理战略规划研究 [J]. 图书馆杂志，2014（6）：29-33.

机构等都是相互连接的、呈网状交互的，并不是独立的个体。信息网络让万物互联，因此高校图书馆在建设开放存取资源的过程中需要统一的标准来完成自身系统与用户之间的联通、融合，让用户能够和系统做到有效沟通和交流，从而更好地实现信息的获取和传递，实现信息资源开放共享。

3. 以需求特色为核心的针对性原则

针对性原则指的是高校在建立开放存取系统的时候需要有一定的针对性，结合本馆发展规划和用户的需求来进行开放存取信息资源的建设。开放存取信息资源的分布是存在一定规律的，高校图书馆要根据规律来收集相关信息资源，同时要积极关注国内外各学科领域的科学结论和科研成果，及时追踪和掌握能够为人所用的信息。高校图书馆的性质、特点以及自身发展目标是不同的，信息资源建设的专题、重点学科也不尽相同。在收集开放信息资源时首先就要明确本馆需要的是哪种信息资源，学科范围、重点领域要明确，有针对性、目标性地来进行信息资源的采集，针对不同学科，采集信息资源的深度也不一样。高校图书馆在建设数字资源时要发挥其教学和科研中心的功能，致力于根据高校用户的不同需求以及学科发展规划来建设信息资源，突出其馆藏特色，优先并且深层次地建设其学校重点学科的信息资源，为高校的教学和科研活动提供可靠动力。更长远来说，高校图书馆还要结合当地的经济、社会情况以及需求来有针对性地进行开放存取信息资源建设。

4. 学术性原则

开放存取资源的目的是为了促进学术信息资源的传播和交流。要实现信息资源开放共享，其方法和途径十分多样化，在建设过程中应该首先明确相应的学科和专业范围，再通过评审机制来筛选出有学术价值的、能够促进科学发展的学术资源，保证开放存取资源的质量。

三、我国高校图书馆开放存取资源建设要求

（一）网络环境下用户需求分析

1. 网络环境下用户信息需求的变化

网络环境下信息资源的数量不断增长，人们获取信息的途径和渠道也在不断拓宽。信息技术的变革使得人们对信息的各方面需求发生了很大的改变，具体体现在以下几个方面。

（1）信息类型的改变

网络环境为数字化信息资源提供了便利的载体和快捷的途径，线上的资源、数据库、电子出版物等多种类型信息资源的出现，让用户对于不同类型的信息资源需求结构发生了变化。传统的纸质图书已经难以满足读者想要随时随地、方便快捷阅读的需

求，因此大部分用户对电子资源的需求越来越强烈，已然超过对于纸质文献的需求。

（2）信息范围的改变

在如今的快节奏社会环境下，信息的传播范围在扩大，传播速度也在不断上升。快速、及时、准确地获取最新的信息对于人们来说十分重要，而传统的从信息机构、图书馆处查询信息资源的方式已经难以满足人们的需求。信息范围的改变促使人们渴望通过一站式检索平台就能快捷便利地获取各种各样的、具有时效性的信息资源。用户的这种需求变化也反映了信息资源共建共享的必要性和迫切性。

（3）获取信息方式的改变

计算机技术的快速发展使得人们有了更多的途径去获取和收集自己想要的信息资源， 如网络检索、原文传递等。通过一些现代化的服务手段，用户能够全面、准确、快读地获取信息，很好地提升了体验感。

许多用户获取信息方式的观念也在转化，开始寻求一种更便捷的模式，而不是借阅传统的纸质实体图书。数字化图书能够很好地满足用户便利获取信息的需求，已经成了许多用户查找资料、借阅图书的主要途径，图书馆信息服务的主流就是电子信息资源服务方式。

（4）需求内容的改变

需求内容的改变主要体现在现在随着时代的发展，各种各样的信息混杂在一起、数目繁多，而用户不再是单纯地需要获取一些没有意义的信息资源，而是需要收集到一些有价值的、有一定科学性的精华信息。用户需要获取能够利用的信息来解决自己当下面对的问题，这些信息往往是经过整合加工的、时效性较强的，能够有针对性地帮助用户解决问题。

2. 网络环境下用户信息需求特征

（1）需求的社会化和广泛化

在网络环境下，用户对于信息资源的需求呈现出一种社会化和广泛化的趋势。网络上的信息资源内容十分广泛丰富，形式也多种多样，还能够突破时间和空间上的限制，因此十分便于不同需求的人们使用。在信息技术飞速发展的当代社会，高校图书馆不再只是传统的仅面向学校、仅提供某学科或某专业文献信息资源的信息中心了，而是需要面对社会各界人士的不同需求，来适应当地经济文化的发展计划，为其添加活力和提供保障。面向社会的高校图书馆需要不断扩展自身的馆藏资源类型，完善自身馆藏体系，努力追求内容广泛、时效性强、科学性强、类型完整的信息资源，要涉及方方面面、多种领域的资源，而不再是单一的仅针对学术研究方面的资源。除此之外，在资源形式和获取途径上也要有所突破，可以融合图像、声音、视频等多种形式的资源，不断推动自身信息库的建设过程，满足用户广泛化、社会化的信息资源需求。

（2）信息需求的个性化和精品化

随着科技和社会的发展，人们对于信息获取的自觉性增强了，越来越多的人意识到知识的重要性，自觉积极主动地想要汲取各方面的知识，从而提高个人的学习能力和综合素质来适应社会的快速发展。图书馆要面对不同类型、不同阶层的用户，有学校的老师、学生、专家和科研人员，还有社会上的人员。不同用户在专业、兴趣爱好、个性、知识积累、个人素质等方面都存在着差异，对于信息和服务的需求是不一样的，同时他们对于信息的接收能力和学习能力也不尽相同，呈现出信息需求的个性化发展趋势。如今各种各样的信息资源数量十分庞大，除了个性化的信息需求以外，用户还渴望得到指向性明确、针对性强、科学的、准确的精品信息，从而能够更好地满足自身的需求，要从一般广泛的、表层性的信息中筛选出深层次的、更有指向性和专业性的精品化信息，进而更好地发挥信息资源的学术价值和科学意义。

（3）需求的时效性和便捷性

网络的发展使得信息资源更新换代的速度也在不断加快，人们每天都会接收到数不胜数的信息，信息爆炸式的增长让各种信息鱼龙混杂，充斥着人们的大脑。人们不再需要一些老旧的、过时的信息，而是需要一种能顺应时代变化的、新颖的、时效性强的信息。用户不再追求信息的数量，转而更注重对于信息紧跟时代以及具有深层价值的追求。同时用户需要快捷、便利地获取自己需要的信息，从而能够及时地利用信息，将信息的利用价值发挥到极致效果。高校图书馆可以不断优化自己的检索系统和相关网页，给用户提供便利的检索途径，缩短查阅资料的时间。也可以按照发布时间的先后顺序来将开放存取信息资源进行排序，及时更新和发布信息，开设一些读者交流、全文获取的服务功能，方便读者。向用户提供一站式的检索系统，用户只需要搜索题目或者作者、关键词就能查询到自己需要的所有信息内容，包括目录、全文、图片和音频资料等，十分便捷。因此图书馆需要积极建设自己的信息整合系统，把各类信息的获取方式相结合，有效提升自己的服务水平和信息建设能力。

（二）开放存取资源的选择与评价标准

开放存取资源作为一种网络在线资源，具有开放性和共享性，可以免费使用并在线获取全文。选择和评价开放存取资源需要从几个方面来展开，要综合全面地分析其科学性、权威性、学术性和时效性等指标。

1. 权威性和可靠性

高校图书馆选择的开放存取资源需要具有权威性，是值得被参考、利用的。要评价开放存取资源是否科学，就要有专门的评价制度。要看一所高校的开放存取资源是否有专门的编辑负责相关审核，审稿过程是否科学、合理，退稿率是高还是低、是否被著名的数据库或者索引所收录，若退稿率较高，说明其审核要求较为严格；若有被较高学术性的数据库收录，则说明其有较高的权威性和学术价值。还要看其在内容上是否全文公开可用，是否可以被复制、下载和阅读，要保证信息资源的可用性和真实性。

2. 稳定性开放

高校图书馆在选择开放存取资源的时候还需要考虑其是否是稳定、可一直使用的，即其网站是否持续可用，包括网站的页面、系统、链接、维护方面要确保运行并且不断更新，要保证网络速度和相关服务功能的维护运营，保证用户能够在其网站上稳定、高效地利用开放存取信息资源。同时还要不断优化网站，简化用户注册程序，标明相关信息资源是免费还是付费的。除了要稳定运行开放存取资源网站以外，还要保证开放存取资源的出版状态是稳定的，即是正常出版、连续编号的并且以后也会保持正常出版。

3. 学术性

高校图书馆面对的主要用户是学生、老师和科研人员，其资源建设的主体是学术性的资源，能够供用户教学、学习和研究，因此在选择开放存取资源的时候应该将重心放在学术性资源上。学术性资源范围广，涵盖各学科领域如科学、工程、技术等，形式也十分多样，包括图书、数据库和期刊等。高校图书馆在选择开放存取资源时要辨别出其是否符合学术性要求，通过其摘要、目录、自我介绍等方面来判断其学科内容是否具有学术性。除此之外，还要看开放存取资源是否通过了同行评价和审议机制来保证质量，是否被科学性高、有权威性的数据库收录或者索引。

4. 可用性

开放存取资源存在的目的就是供用户使用，因此高校选择的开放存取资源要是可以使用的。可以使用具体表现在其使用方便并且能够免费使用，还提供复制、下载、打印等多种方式来让用户选择自己想要的操作。开放存取资源应能满足用户的教学和科研需求，相关信息资源的使用许可权是没有限制的、开放的。具体情况具体分析，结合不同开放存取资源的特点和性质来规定其是否免费，或是部分免费，如根据不同卷数、发布时间和数量等来进行限制，有些期刊从某期发布之后才开始全文免费，有的则是从第一期开始就全部免费公开。

5. 时效性

信息的时效性是很重要的，在现代信息社会中，信息的更新换代速度是以前不可比拟的。信息的数量也在不断急剧上升，各种各样的信息鱼龙混杂，并不是所有的信息都是科学的、有利用价值的。有许许多多的信息是过时的、老旧的，而用户的需求是不断变化的，因此开放存取信息资源要尽量能够满足用户最新的需求，能够适应时代的发展和变化，保持一定的时效性。

四、高校图书馆开放存取资源的收集与展现

（一）高校图书馆开放存取资源的收集途径

要让开放存取模式运作起来，首先就要对开放存取资源进行收集和整理。高校图书馆要充分熟悉开放存取资源的分布状况并且掌握获取开放存取信息资源的各种途径，再结合用户的具体需求来收集需要的信息资源，打造本馆特色馆藏，体现自己的学科特色、重点学科领域等方面。开放存取资源在网络上数量众多且较为分散，图书馆在进行资源收集时应结合各收集工具的特点来综合运用各种工具收集信息资源。

1. 利用开放存取目录

开放存取资源数量庞大、来源广泛、选择众多，这些都给开放存取资源的获取带来了不便。为了节约用户的时间，让用户能够快速、高效地获取自己需要的资源，高校图书馆需要科学合理地利用开放存取目录来提供期刊的浏览和检索功能，帮助用户精准查阅到自己需要的资料是否可以开放利用，更好地帮助用户了解和掌握某学科的开放期刊信息。

（1）开放存取期刊目录（DOAJ）

开放存取期刊目录是瑞典 Lund 大学创建的收集了质量较高的、具有学术性和科学性的开放存取信息目录。该目录收录的期刊数量已超过 3000 种，收录丰富，且学科范围十分广泛，涵盖了艺术、文学、生物、科学、建筑等多个学科领域。使用率高、科学性强、公开可用是该开放存取期刊的特点，其网站还为用户提供检索式关键词搜索、导航分类等，让用户在使用过程中十分便捷。该目录收录的资源需要由编辑来进行质量检查，一般收录的都是具有较高参考价值的、科学性和学术性强的资源。开放存取期刊目录是目前收录开放存取资源覆盖面最广泛、最完善、影响最大的开放期刊目录汇总。

（2）开放期刊之门（Open-Gate）

开放期刊之门由印度于 2006 年创建，其每天都在不断更新，主要是收录了研究机构、大学以及工业单位的开放存取资源进行全文链接和索引，收录的论文数量十分庞大并且每年都在不断增长。[①] 其对收录的开放资源进行了等级层次的分类，比较清晰，同时用户还能够根据自己的不同需求来使用不同的检索方式查找自己需要的资源，如文献名、作者、摘要等。

（3）日本科学技术信息集成系统（J-STAGE）

该系统由日本科学技术振兴机构开发，有英文和日文两个版本，主要收录日本各科技学会出版的文献（英文版），范围以学术研究类为主，覆盖物理、化学、生物

① 李洁 . 数据驱动下数字图书馆知识发现服务创新模式与策略研究 [J]. 吉林大学学报，2019.

及医学各个领域，收录类型包括期刊、会议文献及报告。期刊旁注明了年限，标记了“FREE”的就是免费使用的。除此之外，网站还按学科领域将期刊分类，提供检索工具，便于用户查找。

（4）中国科技论文在线

中国科技论文在线是由教育部批准、科技发展中心主办的，是我国主要的开放存取资源系统。其创办目的是降低科研人员的论文发表压力、促进学术交流，从而提高科研成果向现实生产力转化的效率。中国科技论文在线利用了现代信息技术手段，改变了以往的编辑、评审、修改、印刷流程，减少了复杂烦琐的中间程序，从而让科研人员和学者们能够及时、高效、便捷地发表自己新的科研成果，促进科研创新的思想交流。中国科技论文同时又保证了作者本人对论文的所有权，提供首次发表在网站上的时间证明，有效地保护了原创作者的知识产权，同时又允许作者在其他刊物上投稿，促进科研人员新颖学术观点的交流。

2. 利用著名开放存取期刊出版社网站

随着开放存取运动蓬勃发展，世界范围内专门的开放存取资源出版社也应运而生，如科学公共图书馆和 High Wire Press 就是其中的典型代表，影响力巨大。这些专门的开放存取期刊出版社在开放存取的选择上既能保证科学性和合理性，又能保证其是高质量、具有学术价值的，有利于图书馆对于开放存取资源的收集和利用。

（1）科学公共图书馆（PLoS）

科学公共图书馆主要为科技人员和医学人员服务，是非盈利机构，其主要发展目标是免费向公众提供科学和医学资源。其涵盖的开放存取资源范围十分广阔，包括病理学、医学、基因学等方面的临床案例报告以及相关的实验记录等大量资料，对于世界医学的发展有极大的促进作用。

（2）HighWire Press

HighWire Press 由美国斯坦福大学图书馆创建，是目前提供免费全文的全球最大的学术文献出版商。HighWire Press 提供的带有检索系统的期刊主要涵盖四个学科主题领域，每个主题领域覆盖范围很广，主要收录医学、生物学期刊，还收录一些社会科学和物理科学期刊。HighWire Press 被称为全球最大的能提供免费全文的学术论文数据库。

（3）生物医学中心（BMC）

生物医学中心（BioMed Central）是英国的一家商业性出版机构，其收录了生物学、医学的所有主要领域，发展目标在于促进生物医学研究期刊的快捷及免费利用。经过同行评议的联机提交的论文对那些愿意参加开放使用的科研人员不收取费用。

3. 利用搜索引擎

搜索引擎可以高效、便利地搜寻到自己需要的开放存取资源，是线上网站中常用的工具。用户可以根据自己需要的书目、学科领域、关键词、作者等输入相应的词来查询自己需要的内容，也可以从目录分类逐级查询。目前已有许多综合性的、较成熟的搜索引擎，如百度和谷歌。还可以利用专门的开放存取资源搜索引擎来进行查询，有效减少检索工作量，提高检索效率。

（二）高校图书馆开放存取资源的展现

开放存取资源要保持一定的时效性，就要被高校图书馆及时、全面又准确地收集、利用。因此高校图书馆需要及时将开放存取资源展示、公布于众，更好地便于用户使用，如利用开放存取整合系统来为用户提供便利的信息渠道；把混乱无章的、分散的开放存取资源进行科学组织、分类之后向用户提供等。

1. 在图书馆网页中贴上开放存取资源的链接

图书馆的主页是最直观、最便利的服务窗口，高校图书馆可以在图书馆的网站主页里插入开放存取资源的链接，单独开设一个窗口或者板块，这样用户只需要简单地点击链接就可以直接访问开放存取资源的网页，十分便捷高效，也能让用户对本馆的开放存取信息馆藏有一个较为全面的认识和了解，从而提高开放存取资源的利用效率，更好地服务用户。

2. 利用联机公共检索目录

在科技发达的今天，高校图书馆可以建立一个数字化资源系统来展示自己的馆藏信息，这样能够让用户直观地了解到本馆的资源建设概况，便于用户根据自己的需求来进行相应的信息资源选择。联机公共检索目录就是这样一个数字化资源系统，它不仅能够为用户提供各种检索工具，还有综合性的服务功能，便于用户查阅资料并且对自己想要的信息资源进行一系列操作，如查阅全文、复制、打印、下载等，十分便捷。

3. 建立专题库

每所高校图书馆的性质、目标和特色学科是不一样的，高校图书馆应该依据自身办馆具体条件和情况来建立专题数据库，凸显自身的特色专业、重点学科等，把本校自产的、分散的学术资源收集整理，组织建设成一个专门的学科专题资源库，来向学校的师生及科研人员展示学校的图书馆馆藏资源，便于图书馆的信息资源整合建设，让用户能够直观地了解和掌握自己需要的信息资源。

4. 实现信息资源的有效整合，对开放存取资源进行全方位揭示

大部分高校如今的馆藏数字资源都十分丰富，但是用户要一次性获取数据库的信息还是存在一定的困难的，因为高校图书馆的信息资源检索系统格式、属性等不同，使用方式和身份认证的方式也不同。这就要求高校图书馆要努力实现信息资源的有效整合。资源整合问题是图书馆信息资源建设的重要问题之一，由于许多信息资源是分散的，没有经过整理和加工，使用的价值并不是太高。经过了整合、开发和科学组织分类过后更便于用户使用。开放存取资源的保管站点很多，各自独立，经常出现内容重复的情况。

图书馆应该建立一整套完善的信息资源整合和揭示机制，而不只是停留于对资源进行简单罗列和介绍，要实现开放存取资源的深层次、多方位揭示。

五、高校图书馆开放存取资源整合

信息资源都是独立、分散的，信息资源整合就是把这些分散的信息资源按照一定的方式、顺序进行分类重组，形成一个更高效、功能结构更加合理的有机整体。高校图书馆信息资源整合需要采用先进的技术手段来把馆藏信息资源和各类数字信息资源整合优化，形成一个新的信息资源有机整理，能够用统一的检索系统和入口来实现资源的获取。信息资源整合应该是图书馆整体数字化建设的工作内容之一，这能更好地为用户提供信息资源服务。信息资源分类明了，便于查找，能够促进学校教学的发展与科研创新。

开放存取资源的组织与整合的方法主要有以下几种。

（一）基于图书馆公共检索系统的信息资源整合

公共检索系统十分快捷高效，是为用户提供快速搜索信息的有效途径，是图书馆信息资源整合过程中最直接的方式，可以促进开放存取资源的整合。用户通过新系统可以获取图书馆书目信息，同时通过点击链接来查看开放存取信息相关资料，将开放存取资源和图书公共检索系统紧密结合，提高馆藏数字资源的利用率，给用户提供便利的途径快速查找需要的资料，节约用户时间的同时还能使不同类型资源互补，更好地满足用户需求。

（二）基于资源导航的信息资源整合

有时不同类型的信息资源检索入口不同，这给读者查阅资料造成了一定的困扰。高校图书馆可以把不同数据库里的信息资源按照一定的顺序来排列整合，再把不同信息资源的检索入口统一成一个。比如按照文献信息资源的学科类型、时间、字母等，再充分发挥导航系统关键词搜索、分类浏览的功能，这样能够帮助读者迅速找到信息资源。

高校图书馆的导航栏可以实现信息资源的一站式检索，因此将开放存取资源进行整理，融合到本校馆藏资源系统中，利用本校图书馆的一站式检索功能就可以获取自己需要的开放存取信息。

（三）基于跨库检索的信息资源整合

开放存取资源数目多，分布广而分散，存在于不同的数据库中，而不同数据库的检索方式、机制等又不尽相同，因此要实现跨库检索，提高不同数据库中开放存取资源的利用率。

用户需要的某个学科资源可能需要从不同的数据库里查找，才能找到全部的信息。特别是交叉学科的出现使得文献资源存在于多个数据库里，给读者查阅资料带来了不便，况且不同的检索系统检索界面、方式等也不一样。

图书馆要积极开发建设一个跨库检索系统来进行开放存取信息资源的整合，把分散在各数据库中的开放存取资源和图书馆原有的馆藏资源进行整理融合，用一种统一的、便利的检索方式和机制来实现一站式检索，让用户只需要利用搜索关键词的方法就能够查询到不同数据库中的同一学科领域方面的信息资源，从而提高用户获取开放存取信息资源的效率，提高信息资源的使用效率。

（四）基于网络学科导航系统的整合

高校的开放存取资源最主要的特征是具有学术性，因此学术方面的信息资源是高校开放存取资源建设中的重点，具有学术性、科学性的各学科领域资源数量多、更新速度快，同时不同学校有着不同的重点学科和特色专业。高校图书馆应该积极建设网络学科导航系统，将这些开放存取资源按照不同学科和重点进行整理和分类，通过超链接来和特定的信息文档相连接，这样用户可以根据自己需要的学科信息资源来进行查询和阅读，及时了解和掌握自己需要的信息，十分便捷高效。同时还可以设立重点学科导航库，重点收集学校自身的特色专业和重点学科开放资源，让重点学科用户掌握领域的发展前沿和趋势，更好地利用信息来进行自我提升。

六、高校图书馆开放存取资源建设中值得注意的问题

（一）长期保存问题

自开放存取运动以来，世界范围内的开放存取资源数量都在日益增多，有效地促进了学术交流和科研创新。信息是有传承性的，如何合理保存开放存取资源是如今人们面对的问题。

开放存取信息资源是图书馆馆藏信息资源中不可或缺的一部分，因其学术性较高，且能够开放、在线获取，十分有效，同时高校图书馆有稳定的经费来源，因此高校图书馆需要将开放存取资源进行科学合理的长期保存。如今的网络搜索工具可以搜寻到任何方面和领域的开放资源，各数据库和资料库之间的信息也可以互相流通、传递，高校图书馆有着广泛的开放存取信息来源，为高校图书馆信息资源建设提供了保障。尽管在如今人们看来对于开放存取信息资源的长期保存问题存在着一定的疑虑，但是

随着科学技术的发展，长期保存复杂的、大量的开放存取资源已经不是无法解决的问题。高校图书馆可以利用较为成熟的数字资源保存方案，结合自身办馆条件、经验、目标，利用专业人员的智慧再加上专业技术来实现开放存取资源的长期保存，并且不断完善长期保存方案，不断在保存的过程中优化和完善，及时发现和解决出现的相关问题。

开放存取模式与现存的版权法并不冲突。公众可以免费使用已经发表的研究成果，这些研究成果都是经过作者授权了的。一般科研人员有了新的研究成果之后会及时发布出来，意在传播、分享和交流该成果，不是为了谋求利益。开放存取模式是在尊重现存版权法的基础上对文献信息资源进行开放、共享的。

（二）版权问题

如今网络信息资源的数量急剧增多，这给版权方面的问题也带来了一些挑战。网络上许多数字作品都通用创作共用协议，即都遵循通过非商业用途来使用信息资源，按照非派生作品来使用，如果是派生作品则需要通过作者授权才能使用。

随着数字信息资源的增多和开放存取运动的发展，高校图书馆的馆藏数字化信息资源关于版权的问题也在不断暴露，关于数字版权的纷争增多了，用户在使用信息资源的过程中容易忽视一些版权问题，而由图书馆来承担相关责任，因此高校图书馆需要通过各种途径来加强其对于版权的管理，避免版权纠纷。要积极引导图书馆的用户加强版权意识，可以在开放存取资源网页的显眼处给予明确的标识，让用户注意关注该信息资源的知识产权问题。还可以限制对于开放存取的下载次数，避免让其用于商业目的，防止大量的恶意下载。而高校在大量使用网络资源时，是提供给用户进行学术使用的，对于信息资源进行加工和整理，能够保护资源的知识产权。除此之外，还可以通过积极开展相关知识版权知识科普讲座，让用户意识到知识版权的重要性，尊重资源的版权，不恶意破坏版权和侵权，从而能够有效规避产权纠纷，更好地利用开放存取资源。

（三）质量控制问题

开放存取学术资源形式多样、来源广泛，由于它的免费特性，给人们带来不稳定和不可靠的错觉，而高校图书馆为满足用户的教学科研信息需求，需要收集高质量的开放存取学术资源，因此图书馆在建设开放存取学术资源的过程中应重视其质量控制与评价。

开放存取模式要发挥促进学术交流的任务，高质量、具有科学性的文献信息资源才能促进学术交流，因此需要对开放存取系统中的资源进行质量控制。目前较多采取的传统学术期刊中应用的专家评审和同行评议法，能够在一定程度上保证开放存取系统系统的信息质量。这一点已经得到开放存取领域的普遍认可，学术出版界一般都将这种质量证明体系看作是学术信息的质量标志。

目前，世界各国的开放存取创办者都对自己的期刊设有不同质量把关原则和目标。DOAJ 收录的开放存取期刊都是经过了同行评审的，没有通过评审的不予收录；PLoS 追求创办出高质量的、具有科学性的开放存取期刊库，因此在质量把控这方面十分严格。发表在其期刊上的论文必须有一定的原创性，对于专业领域的研究人员来说要有科学的借鉴意义和重要的参考意义，同时还要对其他领域的科研人员有一定吸引力，论文中的结果和结论必须是论据充分的，下结论的方法和过程也要是科学的、严谨的。所有提交的论文都要先经过专业编辑的初次审核，通过之后才能交给专业学科领域的权威人士来审核和评价其内容，最后在此意见基础上再由编辑决定是否收录进开放存取库中。其过程十分严格，退稿率高达 90%。

引文分析法也可以比较有效地考核和评价学术论文。通过对文献引用频率的分析研究则可以测定出该刊在某一学科的影响力，引文分析评价方法理论同样也适用于开放获取。也可查看开放存取期刊的影响力指标：即时因子和影响因子，它们的指标相对较高的话，则说明一方面由于免费访问的特点，开放存取期刊和传统期刊比较来说，更能及时有效地被科研人员所利用；另一方面也说明了科研人员正在逐渐认可开放存取期刊。还可以看世界著名文献中引用开放期刊的情况来分析开放期刊的质量，如果开放期刊有被世界著名文献引用、摘录等，就说明其具有较高的质量。

第三节　多校区高校图书馆的信息资源建设研究

一、高校多校区运行模式

高校实行多校区运行是始于 20 世纪 90 年代的新一轮高等教育体制改革和近年来各高校跨越式发展的产物。

（一）高校多校区形成的原因

截至目前，我国的高等教育取得了令人瞩目的成就，这是不可否认的事实。新中国成立后，中国高等教育进入新的历史发展时期。从 20 世纪 50 年代开始，我们全面学习苏联高等教育办学模式，进行了全国范围内的“院系调整”，形成了中央教育主管部门和产业行政管理部门以及地方政府分别创办和管理一批高等学校的体制。所谓苏联高等教育办学模式，就是按部门、按行业、按单一学科大规模组建高校，以达到培养专门人才适应当时经济和社会发展需要的目的。这种办学体制是为适应当时的经济体制而形成和发展的，对调动各部门、各地区发展高等教育的积极性，对培养经济建设急需的专业人才发挥了作用。但是，由于经济的发展、科学技术的进步和经济体制的变革，随着时间的推移，这种高等教育体制的弊端日渐明显。在苏联高等教育办学模式下，高校普遍存在着学校设置行业化、专业划分过细、专业重复建设等问题，培养出来的人才无法适应经济全球化、市场化的发展。因此，高等教育体制改革势在必行。

从20世纪90年代初开始，国家制定和实施了高等教育体制改革“共建、调整、合作、合并”的基本思路。其中，所谓合并，就是为了提高教学质量和办学效益，发挥学科优势互补和规模效益，因地制宜地对某些院校进行合并。高校合并实现了对教育资源的重组与改进，使许多高校的规模效益、经济效益有了明显的提高。同时，新一轮高等教育体制改革也带来了高校跨越式发展的新局面。高校合并形成了相当一部分高校多个校区并行的状态，这是高校多校区运行模式形成的重要原因之一。同时，随着扩大招生、专业调整和新增设专业等办学规模的不断扩大，一些高校纷纷开辟新校区，也极大地促成了高校多校区办学新格局的发展。

（二）高校多校区运行模式

高校多校区运行还没有完全形成固定的模式，各高校根据自身的管理实际采用了各有特色的管理模式，不能简单地说谁优谁劣，需要通过相当长时期的实践来加以检验。

1. 集中整合型

在高校合并中，对原有各高校的办学资源进行实质重组和调整，实行完全的集中统一的管理方式。一般说来，将行政管理部门集中设置在某一校区，各校区实行以条为主的延伸式管理。虽然各校区也有承担具体业务功能的各行政管理部门的派出机构，但是，各校区主要是教学、科研和管理活动的具体实施场所。采用集中整合型的合并高校，原有各高校的地理位置相对比较接近。

2. 相对独立型

在高校合并中，对原有各高校的办学资源进行科学规划和组织，实行集中与分散相结合的管理方式。一般说来，仍然在某一校区设置有统一的行政管理机构，各校区实行以块为主的分区式管理。各校区中行政管理部门的派出机构具有相对独立性，有的还是某校区的专设机构。各校区既是教学、科研和管理活动的具体实施场所，又保留人财物、教学、科研、管理等方面一定的自主权。采用相对独立型的合并高校，原有各高校的地理位置通常相距较远和分散。

二、多校区高校图书馆的管理

多校区办学背景下，不同校区目标、特色专业和重点学科不同，因此图书馆的信息资源建设的方法和目标也不一样，高校根据不同的校区实行多校区办馆模式。

（一）多校区高校图书馆管理模式

高校的多校区运行模式给图书馆的管理带来了一定的困难，要实现各类信息资源在多校区之间优化配置、合理运用，从而能够最大限度地发挥其效益，就要根据不同的校区运行模式来进行资源配置，从而更好地适应各馆的发展。

1. 一馆制

一馆制即对不同校区的图书馆进行集中统一管理，将各校区原有的图书馆的人力、物力和财力集中起来并且进行重组，整合成一个新的图书馆。这个新的图书馆是实行统一管理制度的，集中统一领导和管理。这种方式最常见的有两种形式，第一个是放弃原来校区的图书馆馆舍，在距离适中、人员最集中的主校区重新建造一所大面积的新图书馆，原来各校区图书馆的资源、人员等整合统一，在这个新的图书馆里面实行统一管理。另一种就是建立一种新的图书馆部室机构，相当于图书馆相关业务部门的派出机构，把原有的各校区图书馆资源、人员等按照部室来纳入不同的馆舍中。这种情况需要各校区图书馆的距离不能太远，便于形成集中的图书馆馆舍群。

这种对于图书馆的组织和管理形式本质上来说是一种合并模式，能够深度融合独立的各校区图书馆人员、资源和财源，将不一样的管理制度和工作流程都做了一个统一的规划和改变，不同校区采用同样的模式，方便进行集中管理。这种模式能够有效地优化资源的配置，把不同机构的不同资源进行整合、交融、重组，能够很好地实现资源的共建共享，从而促进高校图书馆整体特色馆藏体系的建设。但是同样地，要实现这种模式需要面对一定的困难和阻碍。各校区的发展历史、特色专业都不同，各图书馆的馆藏体系特色、办馆理念、设备设施等方面也都存在差异，要实现完全的统一是一个十分漫长的过程，并不能在短时间内就能实现，而且要实现统一管理需要消耗许多的财力、物力、人力。

就新建校区高校而言，除非新校区与老校区距离不远，否则很难实现这种管理模式。一般来说，只有采用集中整合型管理并且学校规模较小、藏书量不大、各校区距离不远的多校区高校，才能形成这种集中统一管理的充分条件。这是近乎理想状态的办馆模式。

2. 总分馆制

统分结合管理模式，即总分馆制。我国大学图书馆的总分馆制是由西方国家公共图书馆的分馆制发展而来的，由于分馆制的运作机理非常契合办馆地点分散但又存在某种关联且规模较大的图书馆体系，所以近年来逐步被我国多校区高校图书馆推广运用。事实上，通过多年的实践，总分馆制已经表现出能最大限度适应多校区高校特征的优点。2002 年教育部印发的《普通高等学校图书馆规程（修订）》第七条更是明确规定："校园分散的高等学校，可设立分馆。分馆是总馆的分支机构，受总馆领导。"据此，我们可以确认总分馆制模式在多校区图书馆管理体系中的地位。

就物理意义而言，总馆可以是实体的，也可以是虚拟的。总馆主要是从管理意义上讲的。总分馆制从各校区图书馆的实际情况出发，结合人力、物力和财力状况来选择进行统一管理还是分散管理，从而最大限度地发挥各馆的长处和优势、将各种资源的利用效率发挥到最大。这种模式最常见的形式是总馆和分馆相结合形式，比如把用户服务部门和信息资源建设、开发、技术等部门集中在总馆里，又分别在各分馆设立具体的图书馆用户服务机构的分支部门，即总分结构，总馆统一任命各分馆部门的人员，各分馆又和总馆一样实行统一的制度，采用统一的业务规范，让各部门工作正常运行。一般由副馆长来兼任分馆馆长职责，进行日常工作的管理和指导。在这种运作模式下，总馆起到统筹全局的作用，在业务和行政方面可以对分馆进行领导，可以便于管理、精简结构，发挥各分部的优势，进一步促进各种资源的整合，实现资源的共建共享，从而建构一个既相对独立又互相联系的有机整体，为多校区图书馆信息资源建设过程注入活力，更好地满足不同用户的信息资源需求。

但是这种管理模式也有一定的问题，比如总馆和分馆之间的利益难以协调，加上各分馆的办馆条件差异大，很难将信息资源、人力资源等很好地融合调整。在这种管理模式下，极易出现信息资源重复配置的情况，这就导致了信息资源的利用效率低下，浪费了资源。因此总体来说，这种总分馆制适合总体规模比较大或者校区距离较远的高校，并且各分校区图书馆基础设施较好、规模差异不大。

3. 并列馆制

并列馆制度即合并后的高校保留各校区基本的特征和原有制度，实行分散协调的管理模式，学校各个机构来协调各馆之间的关系，即一所学校的各个校区图书馆分馆都有独立的领导班子、队伍、业务流程和经费收支，自主性较强，能够实行各馆独立管理，从而能够更好地适应本馆的发展，提高管理效率和信息资源建设的效率。这种管理模式一般要设立专门的图书馆情报工作委员会来统筹安排和协调各馆一些方面的工作，比如共同购买文献信息数据库、数据库的共建共享、信息资源建设的编目活动、跨校区用户服务活动，同时图书馆情报工作委员会还要制定全校信息资源的总体目标，给出相应的规划方案来促进各校区图书馆协同发展。

这种并列馆制能够在保留各馆特色的同时发挥各自的优势，降低管理多校区图书馆的成本，实施难度比较小并且不需要花费太多时间就能实现，但是这种分散型的管理模式很难优化资源的配置，容易出现资源的重复和浪费情况，很难促进馆藏资源的整体建设，难以实现整体效应。因此这种模式比较适合校区分散、各具特色的高校，尤其是有在异地建校区的高校。

4. 独立馆制

独立馆制即分散独立管理模式，是高校各校区图书馆互不干扰、独立管理的模式。各校区图书馆的资源、人员等并不需要整合重组，实行独立的管理制度，沿用原有的工作制度、业务流程和经费收支体系等，根据自身办馆的条件来保持各馆发展路径和模式。馆际之间通常有信息资源互借、工作业务交流等合作活动。这样的模式有益于保持各馆的特色，发挥长处，但是这仍然是比较闭塞的、封闭的信息资源建设体系，容易造成信息资源的重复利用或者是资源的浪费；难以实现系统整合优化的整体效应；难以实现资源共建共享。不一样的管理体制给开展用户服务工作造成了一定的阻碍，不能够很好地保障全体师生和科研人员对于信息资源的利用。这种模式通常比较适合校区距离过远的高校。

（二）多校区图书馆发展存在的困难

采用不同的管理模式会对多校区图书馆发展产生不同的影响。就存在的困难而言，比较具有共同性的问题主要表现在成本和效益等方面。

1. 信息资源建设和服务的成本高

多校区图书馆发展存在的首要困难是信息资源建设和服务的成本较难控制，主要表现在信息资源建设的规划成本、信息资源建设的实施成本和信息资源服务的运行成本等方面。

就信息资源建设的规划成本而言，学校对图书馆总体的投入总是相对稳定和明确的，由于分馆的存在必然有一定程度的资源冗余和重复。因此，在信息资源建设规划中，既要保证总体数量的提高，又要考虑各校区用户的需要，还要考虑典藏地的分配情况。当然，实施这样的信息资源建设的规划就会比单纯处理一个图书馆的问题要复杂得多。

多校区高校在开展信息建设的过程中，会增加运行和管理的成本，因为要对不同校区图书馆的文献信息资源进行调配等操作，还要面对各种信息资源在流通过程中的交通运输问题，这些都会增加建设成本和难度。多校区让信息资源较为分散，也给用户查找和使用信息资源造成了一定的困难。用户需要的某一学科方面的文献信息资料有可能只在另一个校区的图书馆里才有收录，因此用户需要在两个校区之间来回往返，十分不便利。如果要实行一馆制，各校区之间又很难平衡协调发展，并且建设工程冗杂，成本高，消耗的资金巨大，不利于高校图书馆文献信息资源建设长久健康的发展。

2. 难以实现信息资源建设和服务的效益

多校区高校在信息资源建设和服务的效益方面也面临着许多困境。单校区的高校可以结合自身的具体情况，包括办馆性质、目标、任务、特色专业以及重点学科等来制定相应的信息资源建设方案，涵盖学科、数量、语种结构、载体形式等多方面的内容，能够很好地适应本校用户的需求。而多校区的高校则要结合不同的、多个的校区特色、性质、结构等方面来作出一定的调整，从而适应高校整体学科特色、总体目标的发展。然而每个校区的图书馆都有各自的办馆模式和管理制度，有自己固有的工作流程和业务模式等，如信息收集机制、信息管理机制和开发机制等，因此在信息资源建设上面缺乏统一性、整体性，很难促进高校自身信息资源体系的优化和完善。除此之外，各校区在专业设置方面也不一样，用户专业的特点也不同，因此在用户服务方面也很难做到统一，若是高校合并校区之后，各校区原本的一些服务模式可能会遭到冲击，迫使其转变观念和模式去适应新的发展趋势，导致服务效益降低。

3. 多校区高校图书馆的信息资源建设对策

多校区高校图书馆在信息资源建设方面存在着一些困难，因此多校区高校图书馆要勇于积极探索出一条适应自身发展的道路，来促进信息资源建设体系的完善，从而让用户能够更好地利用信息资源。

三、建立健全信息资源建设制度

（一）确定多校区图书馆管理模式

一馆制是多校区高校图书馆的最佳管理模式，因为可以有效发挥整体资源的优势、提高高校图书馆的整体信息资源建设水平，用统一的标准来执行工作也能很好地服务于用户，满足不同的信息需求。集中统一的管理制度也是实施起来最为困难的一种模式，若想要将其付诸于实践需要花费大量的人力、财力和时间，各校区的图书馆实际情况也不尽相同，要打破原有管理的体制往往存在许多障碍，校区图书馆和学校的主管部门也往往难以作出彻底改变体制的决策，因为要考虑的因素太多了。所以大部分多校区高校图书馆都会选择总分馆制度来对不同校区的图书馆进行管理，从每个校区的信息资源、人力、财力等方面综合出发，结合实际情况来最大限度地实现资源重组和优化配置，提高效益。

总分馆制通过总馆和分馆相结合，按照各馆实际情况来整合资源，合并和精简各校区机构，统一管理业务，实现资源的共建共享，同时又分散服务用户，发挥多方面的积极性来灵活推动信息资源的建设。在这样的总—分体制下，多校区高校图书馆总馆和分馆是相对独立却又互相紧密联系在一起的，能够很好地适应不同校区的特色和实际发展情况。在选择和确定自身学校的组织管理模式时，多校区高校应该先制定出资源建设目标、规范等信息资源建设制度，各馆都应该遵循这个制度并且不断在实践中完善和发展该制度。

（二）确立信息资源建设原则

1. 优化资源原则

所谓信息资源的最优化配置是指在一定的信息资源购置经费下采购的信息资源能最大限度地满足用户的需要。与一般高校相比，多校区高校存在馆藏空间分割的现象，加上其用户学科及专业背景的复杂性，这就要求图书馆在进行信息资源采集的时候要充分考虑这些因素，使采购的信息资源能最大限度地发挥其功能。美国著名图书馆学家杜威（Melvil Dewey）有句名言："以最低的代价，为最多的用户，提供最佳的读物。"合并高校的各校区此前是作为单个高校独立存在的，已建立了一套相对完善的办学系统，各校图书馆根据各自的专业特点及用户的需求，信息资源自成体系。学校合并或新建校区后，为了实现优势互补，学校势必会对各校区的专业、学科进行调整，加上几个校区独立分布，学校的教学、科研、管理及师生活动区域成倍扩展，而图书馆既不能离开原有馆舍设施去为用户服务，又要面对更多的教学、科研机构的调整和重组及学校的发展对信息资源的广泛需求。这就提出了如何重组和优化配置全校信息资源的要求，包括统筹规划全校的信息资源的布局，重新调整校图书馆与院系资料室的信息资源等。

2. 服务用户原则

高校图书馆的信息资源建设最终是为了更好地为用户服务，满足用户的信息需求，从而促进高校教学、科研能力的提升。满足用户的需求是图书馆的建馆宗旨和总体目标，用户的满意程度也是衡量高校图书馆信息资源建设成效的重要指标之一。多校区高校在空间上是较为分散的，距离也比较远，况且在信息资源的建设过程中，多校区模式带来了一定的困难。信息资源分散在不同校区的图书馆馆藏中，迫使用户有时候需要在不同校区之间来回奔波才能够找到自己想要的资料，极其不便，也不利于信息资源的共建共享。多校区高校图书馆要遵循用户至上原则，不断优化服务功能，积极开发和建立线上电子数据资料库，推进网络建设，来实现不同校区资源共享系统的建立和完善，从而突破多校区在空间上的限制，节省用户的时间和成本，更好地满足用户的不同信息需求。

3. 各校区平衡发展原则

多校区高校图书馆还要遵循平衡发展的原则。高校按照自身的办学特点和性质划分出了不同的校区，每个校区之间的发展水平是不一样的，这就导致了不同校区的图书馆在办馆规模、馆藏数量以及人员配置上出现了一定的差异，这在一定程度上不利于各校区图书馆的平衡发展，从而阻碍高校图书馆整体信息资源建设进程。因此多校区高校应综合考察各校区图书馆情况，处理好各校区之间的平衡关系，不断对馆藏资源进行调整，尽量缩小各校区之间的发展差异，发挥各馆图书馆的优势和长处，弥补和改善短板，促进各校区均衡发展，更好地实现整体效应。

4. 突出重点原则

高校不同校区设置的专业不一样，其分校区图书馆的馆藏分布也不同，每个校区的重点和特色专业相关的信息资源建设应该是高校图书馆进行整体信息资源建设的重点，因此多校区高校图书馆在资源建设进程中要优先收集相关重点学科信息资源，突出优势和特色，积极建设学校的重点学科信息资源保障体系。

（三）制订信息资源建设规划

1. 确定信息资源增长目标

在多校区高校图书馆的信息资源建设过程中，按照科学合理的规划来推动建设能够提高效率，为信息资源建设的前景指明了方向。各校区图书馆在学科专业、馆藏结构等方面会作出一系列的调整来适应本校图书馆整体信息资源建设的方向，契合学校办馆的性质、目标、专业设置和经费情况，综合考虑馆藏现状、人员现状以及用户的需求来制定一个信息资源发展和建设的规划，并且按照这个规划来进行工作。各校区向着共同的目标去建设各自的图书馆信息资源，尽力实现整体效应。在实际的建设过程中又要不断优化和调整规划，从而能够最大限度地发挥信息资源的功能，进一步满足不同用户的需求。

2. 促进信息资源共建共享

高校图书馆中的网络技术在不断地发展和成熟，为实现多校区资源共建共享提供了有力保障。数字化、自动化的管理系统能够有效提高多校区管理的效率，能够便捷地开展多校区图书馆局域网建设，打造出各具特色的专题数据库和数字图书馆等，从本校的实际情况出发来建立一个能满足各种用户需求的信息资源保障体系，让各校区之间不同的数据库能够互相传播和交流，实现资源的开放共享，进一步提升高校的信息资源建设水平。

3. 处理好纸质文献与电子文献之间的关系

随着数字化在全球范围内的不断发展，文献信息资源的载体形式也越来越丰富，数字化的信息资源数量也在不断增加，这让高校图书馆在信息资源建设过程中有了更多的选择。图书馆传统的纸质文献馆藏体系也在不断受到冲击，出版行业的商业性决定了纸质图书的费用总体来说较高。图书馆管理者和采购者在选择信息资源的时候会考虑购入费用较低、节省空间的数字化文献，不但能够节省财力人力还能够长期保存。

采购和收集电子文献的过程也十分方便，数量庞大的电子文献很好地缓解了一些高校图书馆经费不足、资源空缺的问题。但是电子文献很难完全代替纸质资源。高校图书馆应该处理好纸质文献和数字化文献的关系，让两者协调发展，共同促进图书馆的整体馆藏体系优化。由于数字信息资源的便利性，电子文献资源能够保障各种用户的大量需求，同时又因为其具有时效性，因此对于自然科学、社会科学等领域的馆藏来说可以考虑利用电子文献来及时更新换代，同时有效降低采购成本。对于人文科学、艺术等对于时效性依赖程度不高的专业，可以收录纸质文献。纸质信息资源能够保障用户对于普通文献的需求，电子文献保障专业文献的需求，两者结合能够不断优化馆藏体系。

馆内的一些重点学术专著、期刊等核心馆藏即使有电子版的资源，也需要保留相关纸质文献。数字化资源和纸质资源要避免太多重复内容，也要尽量选择科学性强、实用性强的资源，不能为了丰富馆藏资源数量而选择一些没有使用价值的文献资源，既浪费经费又浪费空间。针对一些淘汰率较高的消遣类读本以及外围资源等，可以购入一些免费电子资源，值得珍藏的经典专著可以选择购入纸质资源来收藏。如果全文数据库里有收录那些借阅率低、重要性一般的期刊，则可以删纸本刊以节约经费。删刊的决策必须非常慎重，还要考虑到电子期刊全文库存在的滞后性等问题。

4. 实体馆藏结构的重新设定

合并前各高校因其学科上的特点，各图书馆馆藏都有其鲜明的特色。高校合并以及新建校区后为了合理利用资源通常会对各校区的专业和学科进行整合、重构，于是各分馆的实体馆藏结构也需要随之做出相应的调整以满足各校区用户的实际需求。图书馆馆藏结构的调整主要是针对纸本资源而言，包括原有馆藏的重新调配和新购书刊的入藏两个方面。

高校图书馆馆藏布局要适应高校学科专业设置分布情况，如一些基础学科课程、科普读物和文艺小说等方面的文献按照校区学生的人数、专业分布的情况来进行分配；对于一些珍藏的、贵重的、不能购买复本的文献，就统一放在某一个特定的校区来保存管理；一些跨学科的综合性文献可以分配给有关专业所在的校区。总体来说就是要适应学校专业的情况来做到文献信息资源的最优化配置。

各个校区图书馆在专业期刊的配置上也同样要从实际学科设立情况出发，要长期稳定、全面系统地收集和整理一些国内外的权威、专业学术期刊文献，保证重点学科的资料来源。对于外文期刊的馆藏结构可以作出一定的调整，以电子型为主，纸质版为辅，通过复制阅览的途径来向别馆配置该馆已有的外文专业期刊，节约经费。同时还要避免订购内容和品种、类型上重复的资源。各图书馆都应该在做到满足普遍用户的普遍需求基础上，尽可能地多订购一些重点学科的核心期刊。

丛书、检索性刊物以及工具书等类型的资源也应该得到合理的配置。高校图书馆对于这些类型的资源要不断优化布局，对于都配置有这些资源的图书馆来说可以选择一个中心校区来将其存放，对于使用率较高的检索刊物如《中国大百科全书》等，可以购买一定数量的复本来存放到各个校区图书馆里。

还有一些因素需要考虑：

（1）不同的用户群表现出的不同的阅读兴趣点：大一学生在“学习知识、扩大视野”及“娱乐消遣”方面占有较高的比例；大二、大三学生已进入专业课程的学习阶段，具有广泛的阅读爱好，阅读目的除了以学习知识、扩大视野为主，还会根据所学专业课程的需要到图书馆利用相关专业文献；大四学生由于临近毕业，为了最后的毕业论文和毕业设计，会根据自已的选题方向和导师的要求，到图书馆查阅、搜集相关的专业参考文献，具有一定的科学研究倾向；研究生和教师的着眼点是在教学和科研，其阅读重点是专业参考类期刊。

（2）教师和研究生对外文文献资源的需求率大大高于本科生。

5. 确定合适的复本量

复本的数量也影响着高校图书馆馆藏的质量。多校区图书馆纸质文献复本的采购数量是需要经过反复确定的，不同校区的图书馆要根据校区规模、专业设置、学生数量来确定要采购的纸质文献类型和数量。尤其是要保证一些重点学科和核心专业的文献的完整性，不能出现空缺、遗漏等问题，并且要对各种学科类型的文献数量有一个合理的比例把控，不能出现失衡的状况。每个专业的文献在各分馆内都应该保有一定的数量。采购人员在确定购入文献书目时要先分析和掌握文献信息的利用率，从流通率、拒借率的规律中分析出本校区的用户更偏向使用哪方面、哪种类型的信息资源，然后再确定购入文献复本的数量。

在如今人们广泛使用电子文献资源的时代，利用购入数字资源、构建特色专业数据库来解决文献资料的复本问题也是可行的。对于一些用户普遍需要进修的课程，如公共课等，还有需要大量使用到的工具书、参考书等，可以整理并且加工相关的电子版资源来解决降低成本、缓解复本数量不足的问题。

除此之外，图书馆还会购入一些价格昂贵的外文原版期刊。通常来说购入一本原版期刊，然后让其他有需要的校区图书馆借去复制，将复本收藏入馆内，这样的操作流程也是合理的，因为这种复本并不是为了商业目的，也没有被大量地恶意复制，仅限学校里的教学和科研使用，不会有侵权的风险。图书馆内也可以放置打印机来让读者自行打印自己需要的复本部分，可以有效减缓复本不足的压力，但是要注意让用户避免侵权的风险，禁止用于商业途径，也要限制复印的次数来防止大量的恶意复印。

四、建立图书馆自动化管理系统

现在高校中网络技术发展迅速，校园网十分发达，为图书馆自动化管理体系的建设提供了有力的支撑和技术保障。高校图书馆应该积极构建图书馆网络平台，提高文献信息资源的建设水平，更好地实现信息资源的整合和共建共享，提升信息资源利用率。

（一）确定系统建设的标准

多校区高校图书馆在自动化管理系统上面通常存在一定的阻碍，由于不同校区图书馆采用的是不同的自动化管理系统，可能不利于图书馆整体信息资源的整合与优化配置。各种系统在功能性、兼容性、开放性和安全性上面都存在差异，有些系统网络功能较差，难以实现跨馆数据传输以及多系统的连接访问，只能在本校区的局域网范围内运行和工作，不利于数据流通以及资源共建共享，制约了多校区用户对于全校信息资源的利用。所以多校区的图书馆要积极依托网络环境来不断优化各个校区的自动化管理系统，重新选择或者把管理系统更新升级，让多个校区的图书馆能够实现统一自动化管理，从而推动学校信息资源的共享。这就要求新的自动化系统具备强大的网络功能，还能开放互联，以及具有如下特点：

1. 高度的集成性，便于系统数据库的维护并能支持多数据库运行。

2. 广泛的实用性，便于图书馆各项工作的开展并能适应多个分校区管理等功能。

3. 安全稳定，确保系统能够正常地长稳运作。

4. 有可靠的技术支持，能够及时进行软件的升级、维护等工作，不断优化系统。

5. 系统界面要清楚明了，基于 Windows 平台来进行相关操作，流程简单便捷。

6. 系统上的数据需要以一定的标准化格式存在，经过有序排列，能够实现数据的有效规范控制。

（二）根据实际情况来选用自动化管理系统

每个校区的图书馆都有各自的特色以及办馆的重点，因此各校区图书馆要选择符合自身发展的自动化管理系统，因地制宜，而不是一刀切。在选择自动化系统时要综合考虑其性能、使用条件以及受众等方面，最后选择出适合自身发展的管理系统。

1. 选择能够适应多馆发展的管理系统

优先选用能够达到校区发展和管理要求的自动化管理系统，并让图书馆员积极主动地学习和掌握其操作方法和具体功能，将该系统应用到图书馆的信息资源建设过程中，更便利高效地整合馆藏的书目数据。用户也熟悉该系统的使用方法，避免更换新系统后的适应过程，可以将图书馆整合对用户造成的不便降到最低限度。

2. 选择最新的管理系统

虽然大多数分馆使用相同的自动化管理系统，但如果其性能差、功能弱，不能实现支撑多校区图书馆管理等功能，则应放弃该系统，转而考虑其他分馆最新升级的、数据量大、质量高、信息全的图书馆管理系统。因为新的系统软件在性能、功能和编制技术上优势明显。

3. 选择最优的管理系统

如果各分馆的自动化管理系统各不相同，无论是否都是新的或已更新升级，也应该对这些系统软件进行性能和功能上的比较，选择其中最优、在运行上最为成熟的系统管理软件。

4. 引进最适合本馆需要的管理系统

如果原有各馆的系统软件都不适应多校区网络运行的要求，就必须果断放弃原有软件，争取学校投入并考虑引进。首先应该对国内外图书馆自动化管理系统进行可行性论证，既要考虑其各方面的功能实现，也要考虑本馆的实际需要。总之，要引进目前图书馆界使用较普遍，库容性、通用性、网络性强，最适合本馆需要的管理系统。

（三）充分考虑软件的性价比及运行要求

既然是要买一个软件当然得考虑投入成本及软件维护的问题。图书馆应该认真调查备选软件的性价比，择其优而用，不要盲目地认为“贵的就是好的”“国外的就是好的”。软件的后期维护特别重要，特别是那些新出品或在国内应用不多的软件更是如此，因为软件在安装以及运行中难免会遇到很多问题，从其他途径又找不到可借鉴的经验而只能依赖软件商提供的技术支持。如果其后期维护力量不足，将会使软件的应用效能大打折扣。

五、多方面推动信息资源建设

（一）集中统一采购信息资源

多校区高校应该先了解各校区资源建设过程中需要的资源有哪些，将各图书馆要购入的信息资源记录下来并且根据自身需要拟定不同的采集计划，集中使用购置资源资金来统一采访各类信息资源，这样能够合理使用经费优化信息资源的配置，避免重复浪费，更好地满足用户的信息资源需求。

（二）科学分析学科建设工作

采购人员在文献信息资源的采购过程中起着重要的作用，他们要选择采购的书目以及数量，因此采购人员必须要具备较高的素质，能够了解和掌握某学科领域需要采购的文献信息资源范围。随着多学科以及交叉学科的发展，新型学科不断出现，传统单一专业的采购人员很难适应这样的变化。他们很难在所有学科领域上都熟练掌握文献信息资源的情况，在采购文献的过程中就会增添几分不确定因素，不利于提升采购的科学性和有效性。因此高校图书馆要在采购图书的过程中积极开拓不同的采购路径，扩宽采购渠道，可以通过用户意见调查法来让用户选择出自己需要的文献信息资源，给书目的采购提供合理的建议，这样也能够更好地满足用户的需求。积极选拔出复合型人才来担任采购这一职责，培训单一专业馆员学习多学科知识，不断提升他们的素养，更好地进行采购工作。不同校区的图书馆积极统计和分析各自的学科建设进展情况，结合培养目标来进行文献资源的选择。在信息资源建设的过程中不断调整资源结构，最大限度地满足用户的教学以及科研需求。

（三）开辟多元化的采集途径

多校区高校图书馆需要面对数量巨大的不同层次和类型的用户，因此要采取多元化的途径来进行文献信息资源的采集，从而更好地满足用户多元化的信息需求。

1. 订购

订购即预订购买，多校区图书馆向出版机构获取文献的出版即发行信息，然后建立购买订单来购入文献资源。多校区高校图书馆可以通过突破传统的订购方式来推进信息的采集，灵活变通，比如在网上订购等，缩短采购周期，提高采购效率，更好地满足用户的需求。

2. 现购

高校图书馆定期派专业采购人员前往书店、图书展销会等地方进行现场采购，能够直观地了解和掌握文献信息。

3. 征集

大学各个校区的图书馆有专门的研究机构，学校的一些院系也会不时举办学术研讨会和交流会，在这些研究机构以及活动进程中有许多没有正式出版的研讨会会议记录、论文、教案、科研报告等，学术利用价值较高。图书馆的采访人员可以较低的成本来通过电话、公告、登门拜访等途径征集这些资源，从而丰富馆藏。

4. 交换

广泛与国内外图书馆、学术机构、团体、个人建立交流关系，定期交换文献。

六、高度重视数字信息资源建设

多校区高校在信息资源的建设和利用中凸现的最大问题是校区空间分散造成的管理和利用的不便。数字信息资源因其可以不受时间与空间限制的特点，成为弥补这个不足的最为有效、最为经济的办法。目前，各高校的网络环境已经形成，通过网络可以实现各校区图书馆之间的网络互联，使原有相对分散的信息资源有机地连接在一起，实现网络信息资源的统一管理、资源共享。在网络环境下，图书馆应调整数字资源和实体资源之间的关系，逐步增加数字资源的构成比例，这样就能保证每个校区的用户足不出校门就能及时利用信息资源。因此，必须高度重视数字信息资源建设。

（一）电子型数据库的采购策略

1. 建立高效的工作运行机制

（1）成立一个跨部门的电子资源订购小组，全面负责全校电子资源的建设和订购工作。小组成员包括：主管馆长、信息咨询中心、信息技术中心、采编中心负责人。

（2）主管馆长担任组长，主要职责：全面组织、协调本馆电子资源订购流程；数据库订购最终决策；合同谈判和签署等。

（3）信息咨询中心负责处理电子资源订购的主要业务流程，包括：搜集、汇总最新电子资源的相关信息；组织试用；对试用数据库的测试、调查和评估，做出订购建议报告；参与合同谈判；订购事务的处理。

（4）信息技术中心负责提供电子资源订购和试用所需要的技术支持：数据库的安装、维护；统计软件、用户调查等相关应用程序的编写。

（5）采编中心负责参与电子资源的试用评估及纸本期刊的核对；做出订购建议报告。

2. 制定电子资源订购总原则

（1）所选数据库应该符合学校的学科发展需要，尤其是重点学科发展需要。

（2）首选那些国内外公认的、权威性的数据库，这是保证电子资源高质量建设的重要原则。

（3）尽量选择网络型的数据库或者网络版光盘数据库，便于用户使用和资源共享。

（4）根据实际情况，选择性能、价格比优良的数据库。

（5）兼顾到文摘索引型和全文型两种形式，重点放在全文型数据库的建设上。

（6）外文数据库优先考虑集团联合引进的方式，争取更多的优惠条件和更好的服务，中文数据库可根据实际情况采取集团采购或单馆谈判等方式。

（7）争取提供一定时间的试用，评价数据库使用的情况，让用户来评估数据库的质量。

（8）备份原则：光盘数据库、本地镜像数据库本馆已经拥有实际馆藏；其他数据库原则上需要通过以下几种方式之一解决备份问题：纸本备份、光盘备份、购买永久使用权和集团备份等。

3. 电子型数据库的订购流程

（1）数据库信息获取管道：包括 CALIS 全国中心组团信息、数据库公司推荐、兄弟图书馆购置情况、用户推荐等。

（2）数据库基本情况调查：包括学科覆盖面、覆盖本校学科面、与已购数据库重复率、出版机构、数据回溯年限、数据库价格、纸本期刊捆绑费用、其他相关费用、收录期刊数量（文摘和全文）、被 WOS 和 EI 收录的数量、纸本期刊平均刊价、电子期刊平均刊价、分学科和分级别购买、购买协议、协议有效期、购买权限、试用时间、后期维护、续订等。

（3）试用环节评估内容：以馆员评价和用户评价相结合，主要评价指标有内容、试用情况（统计数据）、订购方案、访问方式、IP 或口令控制、并发用户、数据更新周期、检索速度、检索途径、检索平台的基本功能、中文平台、单次使用成本、备份政策等。

（4）评价报告：汇总各方面的回馈和评价结果，形成分析试用报告，主要内容包括数据库基本情况、馆藏查重、试用情况、价格情况及其他参考因素等。

（5）订购阶段：电子资源订购小组审阅订购报告，并据此做出是否订购的建议，由上级领导做出最终决策。

（二）网络免费资源的收藏

受信息资源购置经费所限，资源的采访工作受到很大影响，单靠一个图书馆的信息资源往往难以满足科研人员的需要。互联网的出现为高校图书馆信息资源采访工作创造了有利的条件。据统计，全世界有 600 多所图书馆和 400 多个学术机构将其数据在互联网上开放，采访人员可以依托校园网，将有价值的、与本校专业性有关的信息（如专业电子期刊或专业数据库）链接到图书馆的服务器上，缓解本身文献资源不足，更好地为用户服务。

七、构建完善的信息服务体系

（一）积极开展通借通还工作

实现多校区信息资源流通是高校图书馆信息资源建设中的重要环节之一，能够保障用户使用资源。由于多校区的图书馆馆藏体系的设立是从当地校区的特色、专业分布以及学生数量等方面出发的，各校区之间在信息资源分布上会存在一定的差异，分校区的图书馆馆藏资源不能百分百地满足校区用户的需求，可能会出现用户需要的信息资源在另一个校区才有的情况。这样一来，用户要花许多的时间和精力跨越校区去查阅资料，十分麻烦，耽误了许多时间的同时还压制了用户的积极性，不利于促进信息资源的流通和使用。多校区图书馆在调整实体馆藏结构的时候很难避免这样的情况发生，所以要在其他方面缓解这样的矛盾和压力，因此便要积极推行通借通还服务。

通借通还，即图书馆的用户可以在他所在校区的图书馆借到只有别馆才有的图书，也能够在所处校区图书馆归还所借的图书。这样的话，用户要实现跨校区借书还书就十分方便有效了，这种模式能够很好地促进资源的共享。但是通借通还模式的实施也面临着一定的困难，需要消耗人力物力和财力，高校要积极探索出一条高效率的实用路径来更好地控制成本实施通借通还。

1. 图书馆设立专门的跨校区借阅窗口或者线上公众号板块，让用户能够便捷地搜索到自己需要的信息资源是否在本校区有藏本，若没有，便可以提前登记其需求，让图书馆为自己去其他校区调动该资源。

2. 图书馆各校区的分馆都应该安排专门负责通借通还的人员每天定时地往返于各校区之间，来调配需要借还的图书，还要负责书库的借调工作。

3. 申请代借图书到馆后，为用户保留 7 天。图书馆可以通过电话、邮件、公众号提醒或者微信联系等方式来通知用户及时到馆办理借书手续，若超过七天用户还未到馆来办理手续，图书馆便将书退回，并对该用户记一次违章，如果用户累计违章达2次，图书馆将停止为其提供委托服务 1 年。

（二）推动馆际互借与文献传递

一个馆藏丰富、类型繁多的图书馆也很难满足所有用户的信息需求，因此多校区图书馆应该积极推动馆际互借和文献传递等服务进程，突破馆藏资源对于用户信息需求的限制，从而最大限度地满足学校师生及科研人员教学和科研的信息需要，更好地实现资源共建共享。现阶段国内高校中常见的馆际互借和文献传递服务一般都是国家科技图书文献中心和中国高等教育文献保障体系提供的网上全文功能和国家图书馆文献数据借阅服务。除了这些途径，图书馆应该积极利用其他的方法来推动更完善的服务体系的建立，加强馆藏体系建设，满足用户的信息需求，如：

1. 与国内外高校图书馆、信息服务机构相互沟通联系，促进图书馆之间以及机构之间的文献传递合作。

2. 可以和当地的或者位置比较接近的图书馆或者信息机构保持良好的合作关系，通过对等服务或者有偿服务来利用其信息资源，从而扩大信息资源的来源。

（三）加强电子阅览室的建设管理

在如今的信息化时代，电子阅览室的作用十分重要。在多校区网络环境下用户可以通过电子阅览室提高对于电子信息资源的利用效率。通过电子阅览室的检索系统和线上服务功能能够很好地提高教学、科研效率。电子阅览室是用户利用电子信息资源的重要场所，能够帮助用户解决在上网过程中遇到的各种问题。高校图书馆要不断发展自己的网络技术，积极建设数据库检索平台，让电子阅览室的服务能力和水平不断提高、内容不断丰富。统一的检索平台能够整合资源，提高利用效率，在数量和种类繁多的图书馆中促进信息资源的建设进程，但是不适用于电子资源匮乏的图书馆。

1. 多校区图书馆各馆的数据库采用不同的检索系统，在检索方式上面存在一定的差异，若是使用统一的检索平台，则只能支撑起简单的检索方式，在检索过程中容易出现纰漏，查询资料的全面性和准确率不能得到很好的保证，所以用户更多地选择去单独的数据库中搜索自己想要的资料，很难实现统一检索平台的价值。

2. 在用户使用信息资源检索系统的时候，若是发现图书馆馆藏中没有自己需要的或是自己找到的而图书馆没有记录的资源，可以及时联系图书馆相关负责人员，将这些资源审核之后添加到检索平台中去，从而丰富馆藏，完善检索系统。

多校区的图书馆需要对院系资料进行统一管理、全面协调和规划，统一编制书目、建立数据库，将业务进行合理分工，平衡图书馆和院系资料的权限，让信息资源管理工作过程更加科学规范，促进校内所有信息资源的开发和利用，实现资源的共建共享。

当然，因为涉及部门利益，要想做到一步到位难度会很大，笔者认为在目前这种情况下，可以尝试循序渐进地开展以下整合工作：

（1）实现统一编目建库、统一检索、院系管理，待时机成熟之后再实现统一管理。因为目前院系资料室大多还是手工借还，通过与图书馆合作进行统编工作可以一步到位地实现自动化管理，我们可以利用这一点来说服他们的参与。

另一方面，图书馆很难为此额外投入专门的人力、财力，所以需要争取学校和院系的大力支持，采用指导编目或者学生勤工助学来完成这一工作。

（2）协调信息资源的采购，尽量避免重复建设造成的浪费。尤其对外文原版刊，原则上只购买一本存于图书馆，院系资料室有需要可以以复印本入藏。因为只是限于校内的教学、科研用途，没有涉及任务商业目的，所以这种做法不会影响知识产权的保护。比如国家图书馆文献数据借阅服务就是用的复印本。

（3）通过宣传、用户培训等措施增强院系资料室对电子型文献资源的利用意识，待时机成熟可以以电子型书刊取代资料室订购的纸本书刊，节约经费。

（四）加强用户教育与培训服务

多校区办馆必然使得馆藏信息资源重组整合，同时给用户利用馆藏信息资源造成了困难和障碍。因此，必须面向全校师生开设各种讲座，加强用户培训工作，讲授有关信息检索的知识、方法、技巧，介绍本馆各种类型的信息资源的情况及使用方法，使得用户能熟练掌握全馆的馆藏资源。因为电子资源及其检索方法总是不断推陈出新，通过图书馆用户培训的举办，也可以促使图书馆工作人员不断提高自己的业务水平。为了使用户培训起到更好的效果，图书馆应该在培训方式上多做一些尝试，如：

1. 积极培训刚入学的新生，通过布告栏、公众号等途径，让他们了解图书馆馆藏资源信息和服务功能，激发新生的兴趣，推动其积极到图书馆来查阅资料。

2. 定期开展相关的培训活动，提高教师群体利用信息资源的意识以及能力，还可以招募一些使用电子资源经验丰富的用户来为其他用户分享经验。

3. 针对不同层次、年级以及专业的用户开设不同特色的讲座，有针对性地提升其利用信息资源的意识，从而更好地激发图书馆馆藏信息资源的活力。

4. 除了馆藏电子资源外，还可以针对网络上各种公开信息资源开展一系列培训，如如何使用各类免费的专业数据库、专利数据库等，以此来提升用户综合使用信息资源的能力。

5. 还可以培训用户关于搜索引擎的使用技巧等。

参考文献

[1] 李小娟 . 试论数字图书馆个性化定制服务 [J]. 参花 (上)，2020(01)：130.

[2] 郭家义 . 数字图书馆个性化定制服务相关问题研究 [J]. 图书情报工作，2003(11)：90–93.

[3] 冯建民 . 论数字图书馆个性化定制服务 [J]. 信息化建设，2016(06)：63+65.

[4] 李丹 . 数字图书馆个性化定制服务探索 [J]. 产业与科技论坛，2019，18(19)：269–270.

[5] 权静妮 . 高校图书馆数字化资源建设与创新性信息服务机制实证研究 [J]. 河南图书馆学刊，2021，41(05)：75–77+81.

[6] 申雅琪，张轶华，郭晶，等 . 经费不确定形势下高校图书馆文献信息资源建设应对策略 [J]. 大学图书馆学报，2021，39(03)：40–45.

[7] 吴宗溶 . 高校图书馆文献资源建设现状与思考——以常州大学图书馆为例 [J]. 甘肃科技，2021，37(24)：81–83.

[8] 周桂林 . 大数据环境下图书馆文献资源建设模式的变革 [J]. 文化产业，2022(16)：101–103.

[9] 何佳 . 基于网络环境的图书馆文献资源建设研究 [J]. 造纸装备及材料，2022，51(02)：201–203.

[10] 薛阳阳 . 公共图书馆地方文献资源建设及利用分析 [J]. 采写编，2021(10)：180–181.

[11] 巩梅，张晓琳 . 北京大学图书馆总—分馆体系建设的回顾与展望 [J]. 大学图书馆学报，2019，37(04)：30–35.

[12] 高建辉，师薇，祁建华 . 以用户为中心的高校图书馆文献信息资源建设策略研究 [J]. 楚雄师范学院学报，2019，34(06)：112–116.

[13] 王林霞 . 高校图书馆纸质资源普查工作的实践与探索 [J]. 现代经济信息，2016(24)：452.

[14] 徐玲 . 高校图书馆纸质资源利用策略实证研究 [J]. 河南图书馆学刊，2018，38(12)：130–132.

[15] 于俊丽 . 数字化环境下高校图书馆纸质资源建设存在的问题与对策研究 [J].

赤峰学院学报(自然科学版)，2016，32(24)：152-153.

[16] 王悦蓉 . 高校图书馆纸质文献资源建设与利用研究分析——以北京石油化工学院图书馆为例 [J]. 教育现代化，2019，6(39)：214-217.

[17] 付胜兰 . 论高校图书馆图书采购策略 [J]. 成才之路，2010(13)：73-74.

[18] 游志贤 . 高校图书馆纸质与数字资源的协调发展研究 [J]. 兰台世界，2012(17)：78-79.

[19] 路明华 . 浅析新时期高校图书馆纸质资源与电子资源协调发展的有益探索 [J]. 赤子(中旬)，2014(03)：27-28.

[20] 郭鹏 . 关于高校图书馆纸质资源与电子资源配置优化的实践与应用 [J]. 长江丛刊，2016(13)：168.

[21] 白晋文 . 高校图书馆文献信息资源建设探讨 [J]. 中国管理信息化，2017，20(13)：189-190.

[22] 姜林彤 . 浅谈高校网络信息资源管理 [J]. 中国科技信息，2012(04)：63-64.

[23] 罗晖 . 大学图书馆信息资源建设的理论、实践与展望 [J]. 大学图书馆学报，2021，39(03)：130.

[24] 吉俊虎，张冬梅 . 高校图书馆信息资源的开发利用 [J]. 现代情报，2002(03)：24-25.

[25] 陈秀英 . 高校图书馆网络信息资源的组织与管理 [J]. 学理论，2010(23)：272-273.

[26] 孙鸿 . 高校图书馆网络信息资源建设的不足与对策 [J]. 科技信息，2013(06)：4.

[27] 李姝丽 . 信息时代高校图书馆的发展与转化 [J]. 农业网络信息，2010(08)：69-70.

[28] 刘昕露 . 高校图书馆地方文献信息资源特色数据库建设研究 [J]. 广西教育学院学报，2015(01)：158-161.

[29] 王川 . 网络环境下高校图书馆文献信息资源建设研究 [J]. 中国科技信息，2014(22)：154-155.

[30] 贾丽卿 . 探讨网络环境下高校图书馆信息资源建设的思考 [J]. 佳木斯职业学院学报，2015(10)：269+495.

[31] 国佳，王长印 . 浅谈网络时代高校图书馆信息资源建设 [J]. 新西部(理论版)，2015(17)：98+136.

[32] 胡珊珊 . 高校图书馆“嵌入式馆员”服务模式的思考 [J]. 文化产业，2021(36)：121-123.

[33] 李诏然 . 数据挖掘在高校图书馆服务中的应用探究 [J]. 大学，2021(05)：127-

128.

[34] 汪淑磊 . 高校图书馆规范化建设之探索 [J]. 黄冈职业技术学院学报，2010，12(05)：90–92.

[35] 李明 . 探索高校图书馆文献信息资源建设 [J]. 计算机光盘软件与应用，2013，16(21)：238–239.